# 古代日本「謎」の時代を解き明かす

## 神武天皇即位は紀元前70年だった！

長浜浩明

# はじめに

謎に包まれた古代日本、取分け「神武東征」と「卑弥呼・邪馬台国」に参入したのは、屋上屋を架すためではない。突飛なことを言おうとしているのでもない。この動かし難い事実が、何故、古代史関係者の間で話題にならなかったのか。思えば不思議な話であった。

そして、「大阪平野の発達史」と「黥面文身」から、わが国の古代史を科学的、論理的に読み進めて行くと、解けないと思っていた謎が解けたのである。そこに浮かび上がった実像とは、世に蔓延る諸説をことごとく否定し、結果として長らく疑いの眼を向けられてきた日本書紀を肯定することになったとは、何というパラドックスであろう。

確かに、日本書紀の記す神武天皇・大和朝廷と、魏志倭人伝の記す卑弥呼・邪馬壱国を関連付けて理解することは頗る困難だったらしく、このことを科学的、論理的に書き記した書物に巡り合ったことがない。

世に流布されているのは、今から千数百年も前に生き、一次史料に接したであろう大先輩が何十年もかけて書き記した正史を、いとも簡単に切り捨て、継足し、賢しらにも「継はぎだらけの私の説が正しい」などと喧伝した紛い物ばかりとなった。彼らは不毛な論争に血道を上げ、奇をてらい、人を惑わす珍説、奇説さえ罷り通る事態となったのである。

この体たらくに多くの国民は呆れ果て、今や古代史の核心、建国史に対する興味と関心は雲散霧消、その精神は根なし草となって漂流しているのではないか。

拙著『日本人ルーツの謎を解く』で明らかにしたように、日本とは、日本列島を版図として活躍してきた人たちが中心となって、長い年月をかけて形成された国家である。では、先史時代から歴史時代への移行期をどう捉えたら良いか。古代史に関心を持ちながら、かといって巷に溢れる怪しげな説に納得出来ない方がおられるのではないか。

筆者もその一人だったが、わが国の古代史に新たな息吹を吹き込むことで、長らく貶められ、見捨てられ、息絶え絶えのまま隅に追いやられてきた建国の歴史を、ここに甦らせることが出来たと信じている。

世に蔓延る謬論を排し、先人の苦難に満ちた歴史を学び、知恵と教訓を私たちの手に取り戻す。それが本書の目的である。無論、類書はない。あれば世に問う必要はない。

## 付記

ここで用いた底本は、宇治谷猛『日本書紀（上）全現代語訳』（講談社学術文庫一九八八）、同（下）、坂本太郎他校注『日本書紀』（一）岩波文庫、同上（二）、次田真幸『古事記（上）全訳注』（講談社学術文庫一九七七）、同上（中）、藤堂明保他『倭国伝』（講談社学術文庫二〇一〇）、石原道博編訳『魏志倭人伝他三篇』（岩波文庫一九八五）、西宮一民校注『古語拾遺』（岩波文庫一九九〇）であるが、引用に当っては、翻訳と読み下し文を混ぜるなどして分かり易くすることに努めた。

尚、文中の傍点は筆者が付け加えたものであり、引用文の後に付した（　）内の数字は引用書の頁を表している。

目次

# 古代日本「謎」の時代を解き明かす

## 神武天皇即位は紀元前70年だった!

## 第六章　古代天皇の在位年を解明す

カバーデザイン　竹内文洋（ランドフィッシュ）

# 第一章　かつて「大坂・河内平野」は海だった

## 大阪城公園に生國魂神社があった

その頃、筆者は大阪本社で新人研修を受けていた。先輩から「死ぬほど忙しい」と聞かされていたこの会社も、オイルショックで仕事量は激減、休日には時間がとれた。

ある日、大阪見学の定番、大阪城公園を散策し、大手門を出て上町《うえまち》台地の方に向かおうとすると【生國魂神社お旅所跡】なる曰くが目に止まった。【お旅所】なる言いように惹かれ、天王寺の方へ歩いて行くと、確か右手に生國魂神社があったことを覚えている（図―1）。

社伝に依ると、「神武天皇が九州より難波津にお着きになった際、現在の大阪城付近（後の石山碕《いしやまのさき》）に生島大神・足島大神を祀られたのが創祀と伝えられ、それを大阪城築城のため秀吉公がこの地に遷された」とあった。

調べるのは性癖であり、日本書紀の神武東征の条を読んでみると、「船で難波碕《なにわのみさき》に上陸」とあるではないか。生國魂神社の社伝と併せると、神武天皇は大阪城の近くに船で上陸したことになる。「おかしな話があるものだ」と思っていたが、話は思わぬ展開を見せたのである。

当時の新人研修には現場見学が付きものだった。ある現場に行くと、施工者が「軟弱地盤のために深く杭を打たないと建物を支えられない」と指差したボーリングサンプルに目をやると、土の中に貝殻の破片があるではないか。かつてこの辺りは海か湖だったことを知り、不思議な感慨に浸ったことを覚えている。

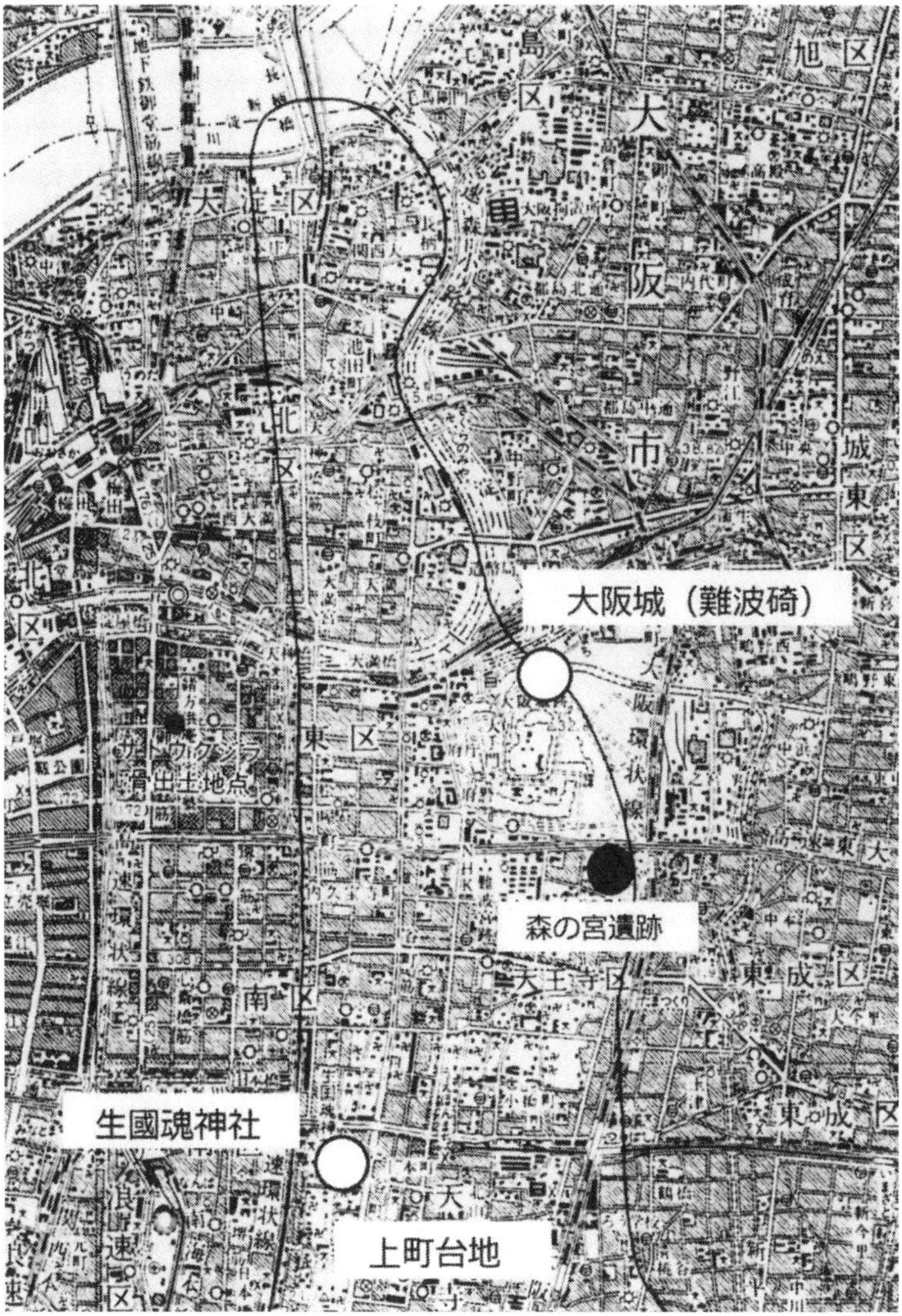


図－１　生國魂神社と上町台地
（財団法人大阪市文化財協会「森の宮遺跡」パンフレットに加筆）

その後、筆者は東京配属となった。大手ということもあってか、勤務先には社内報や技報が寄せられており、ひょんなことから「大阪平野は海だった」、そんなことを書いた季刊誌があったことを思い出した。それが『アーバンクボタ十六号』であり、特集が【淀川と大阪・河内平野】だった。さっそく取寄せ、頁を開くと、地質学者・市原実大阪市立大学教授の語る【大阪平野の発達史】が載っていた。この対話形式の一文を読むことにより「茫漠たる古代史の謎が解けるかもしれない」という微かな灯りを見出したのである。

この研究は、戦後間もない昭和二十五年（一九五〇）、大阪市立大学に地質学教室が設けられた時から始まる。彼らは、約二万年前のウルム氷河期から、縄文時代を経て、現在の大阪平野に至る過程を克明に調べて行った。その中心人物が梶山彦太郎氏と市原実氏だった。

戦後、多くの高層建物が建設されたが、それは地耐力を確認することから始まる。そのため地中深くボーリング調査を行い、建物を支える地盤を探さねばならない。これを誤ると建物は傾き、倒壊する恐れすらあるからだ。こうして戦後数十年に亘り、隈なく掘られた地盤の調査資料から、大阪の地下構造が明らかになっていった。

そして昭和四十七年、『大阪平野の発達史―炭素14年代データから見た―』（日本地質学会刊・地質学論集第七号　梶山彦太郎・市原実一九七二年十二月）が公表された。

この研究の優れた点は、採取されたサンプル年代を「炭素14年代」（『日本人ルーツの謎を解く』

64参照）により確定し、大阪平野の形成過程を明らかにしたことだった。

その後、更なる地質学成果を反映させた『大阪平野のおいたち』（梶山彦太郎　市原実　青木書店一九八六）が出版された。これらを読み解いていくと、微かな灯りが輝きを増し、闇に包まれた古代を照らし出していくように思えた。そして、この動かしようのない事実を抜きに、わが国の古代史は解明できないと確信した。

それは、かつて上町台地の西側は勿論、東側一帯は生駒山地の麓まで海であり、潟から淡水湖を経て入江となり、今の大阪平野になって行く過程を知ることから始まる。

では『大阪平野の発達史』は何を物語るのか。以下、対話調で理解しやすい『アーバンクボタ十六号』に沿って記し、必要に応じ『大阪平野のおいたち』を用いて補足していきたい。

## 古大阪平野の時代（二万〜九千年前）

今から約二万年前はウルム氷河期の最盛期、海水面は今より一〇〇メートル以上低かった。大阪湾は陸地であり、そこに流れ込む川は紀伊水道を通って太平洋に注いでいた。ナウマンゾウが大阪湾地域を徘徊していた、そんな時代である。

その後温暖化に転じ、海水面は徐々に上昇、炭素14年代では約九三六〇年前、実年代では約一万年前、大阪駅の地下二十六メートルにあったクヌギ林の直近まで海面が上昇してきた。それはボーリング調査の結果、海成粘土層直下にあったクヌギの年代測定から分かったことである。この時代を、「古大阪平野の時代」と呼んでいる。

### 河内湾Ⅰの時代（七千〜六千年前）

その後も海面上昇は続いた。これを縄文海進というが、この時代の海面は、ほぼ現在の高さに達し、古大阪平野に侵入した海水は生駒山の麓まで押寄せていた。

それは、柱状図（地盤を縦に掘ったデータ）を調べ、貝化石の境界を辿り、海岸線を特定することで得られた知見だった。大阪中央部、茨田諸口から鯨の骨が出土した。河内平野を鯨が泳いでいたこの時代を、「河内湾Ⅰの時代」と呼んでいる（図—2）。

注　ここでは上町台地から生駒山までの部分を「河内平野」、上町台地の西側を包含した全体を「大阪平野」と呼ぶことにする。

編集　縄文海進と云うのは、わずか二千〜三千年位の間に、海水面がものすごい勢いで上昇していますが、大体どの位のレベルで上がっているのですか。

市原　海水面の上昇速度は二千〜三千年間に約二十メートル以上、つまり一年に六・七〜一〇ミリメートルと云うことになります。

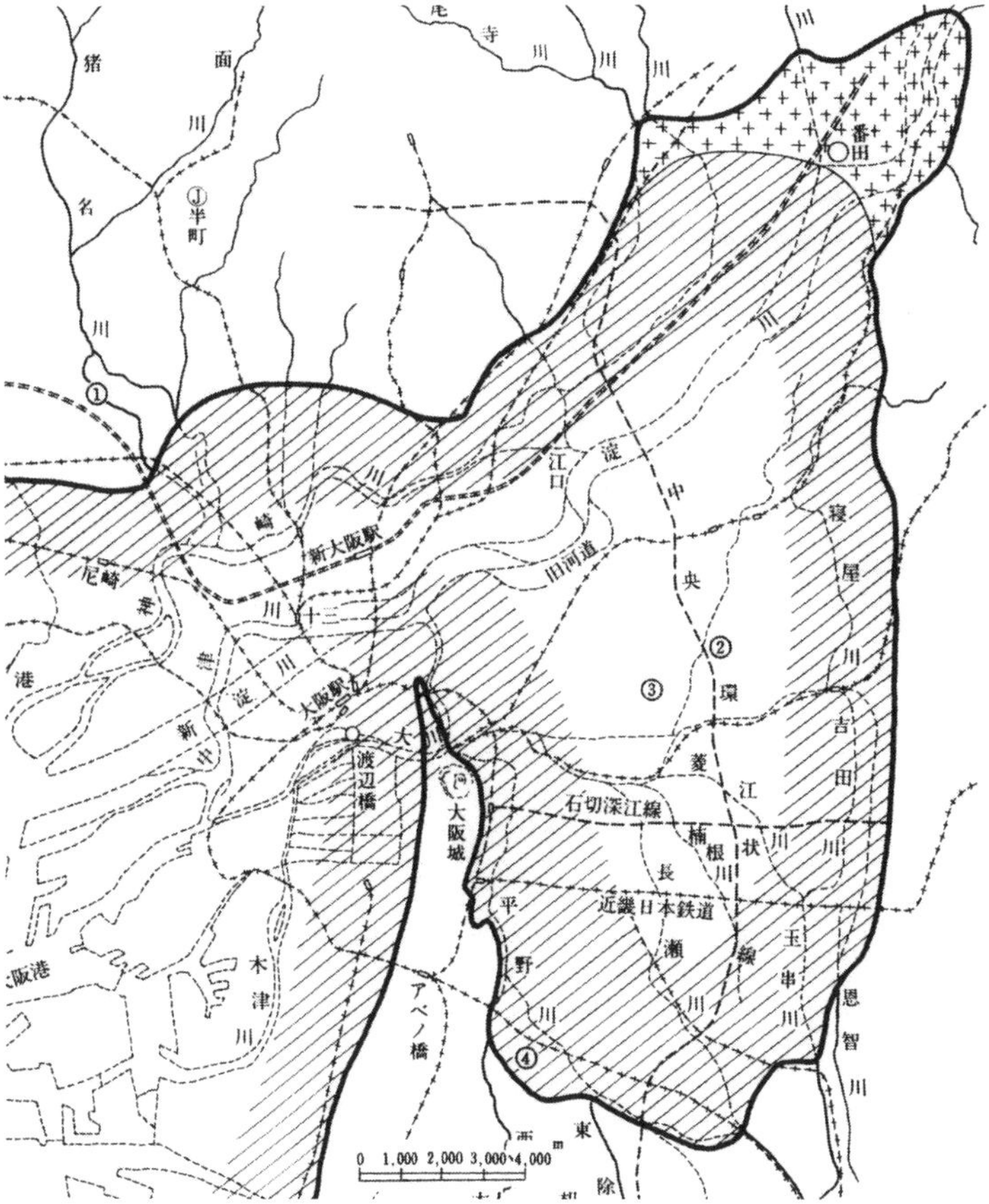


図－２　河内湾Ⅰの時代（約 7000 ～ 6000 年前）
（『大阪平野のおいたち』青木書店　図版１の部分）

編集　この現象は世界的にもデータとして出ているわけですか。

市原　それらは世界各国で調べられています。沖積層の波打ち際を示す地層からとって来た貝化石の埋没深度と絶対年代（炭素14年代）から、当時の海水準がどの辺りにあったかというデータは世界各国で集まっています。最近、大阪でも沖積層のいろいろな部分から貝化石や植物化石を取って来て炭素14年代が計られているので、もっと詳しいことが分かって来ています。それらのデータを照合しても矛盾してないですね。

次いで、氏は大阪平野が変わって行く主因を述べた。

編集　この時代の地理的特徴を、「河内平野を覆った海は、東は生駒山脈、南は八尾付近、北は高槻付近にまで達した。上町台地西縁・千里丘陵西縁には海食崖が形成され、偏西風の影響のもとに、現在の松屋町筋付近に砂浜が続き、その浜の延長として、上町台地北方の天満付近に砂州が発達した」とありますが、この砂州が北へ伸びるというのは…

市原　大阪では大阪湾を吹き渡ってくる冬の偏西風が一番強いんです。そのため泉南の浜辺を見ても、河口のデルタの先端にできた洲がみんな北へ曲がって伸びるんです。

上町台地の場合には、その西縁に出来た海食崖の波打ち際に打ち上げられた砂が、崖に沿って砂浜を造り、その砂礫が偏西風による波浪の影響で、みな南西から北東に向かって延びてゆく。それで上町台地の先端に砂州が伸びていったに違いない、となるんです。

同じようなことが紀ノ川の河口でも起きていた。

市原　紀ノ川の下流、和歌山でも、かつては周辺の山地の際まで海が入り込んでいたのですが、内湾部は紀ノ川の土砂によって埋積され、海浜には砂州が発達して河口を封ずるのです。

それを紀ノ川が切ってしまう分けで大阪と全く同じなんです。

これは神武天皇の兄、五瀬《いつせ》命を祀った竈《かま》山神社が内陸部にある説明となっている。かつてその辺りが内海であり、海岸線があったというのだ。この時代、各地の河口は河川の運ぶ土砂により姿を変えていった。従って、現在の地形を基に古代史を理解するのは危うい。では、鯨の泳ぐ河内湾はその後どうなったのだろう。

**河内湾IIの時代**（五千〜四千年前）

大阪駅から環状線外回りに乗ると、すぐに森ノ宮駅に着く。その近くの森ノ宮ピロティーホールの地下に、縄文時代から弥生時代に至る貝塚がある。

この下部の貝は海水由来の牡蠣であり、最上部は淡水貝・セタシジミで貝塚は終わる。縄文人骨も発掘されており、この地に人が住み始めた五～四千年前、近くに海があり、それが汽水域となり、淡水化し、陸地になっていったことが分かる。

編集　よく縄文海進期以降に海退という言葉が使われていますね。ですから、私などは、この海の埋まっていく古地理図を始めてみたとき、海退というイメージをすぐに持ったんですが、本文を読んでみると違っていて、海水準はほぼ同じで、沖積作用（河川により運ばれた土砂が堆積する現象）によってこの海が埋まって行くのですね。

藤野　しかし海退もあるんでしょう。

市原　もちろん海退もありますけれど、そんなに大きいものではない。

編集　むしろ沖積作用によって埋められていくと考える方がいいんでしょうね。

市原　そうなんです。日本では沖積作用の方がおおきいんです。

三千年の間に河内湾は埋め立てられ、浅く、狭くなり、茨田諸口の水深は三～四メートルになっていた。また上町台地の砂州は北方に延び続け、開口部は狭まっていった（図―3）。それでも河内湾は海水域だったことが、その地層の貝化石がオオノガイ、ハマグリ等であることから分かる。日本書紀や古事記（以下『記紀』）との関連が出てくるのは次の時代からだが、その前に、天孫族が日向《ひむか》にいた頃の話をしておこう。

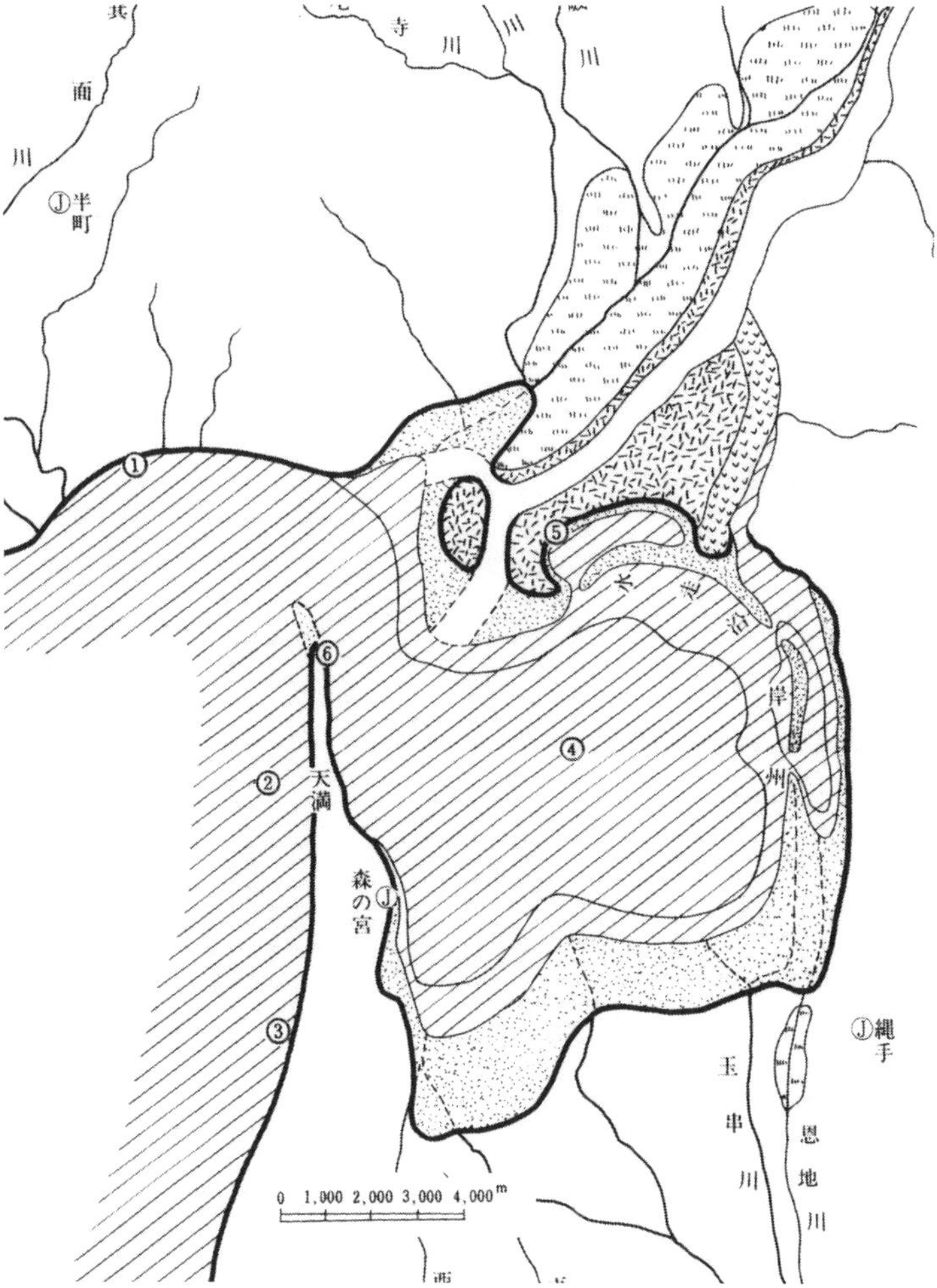


図－３　河内湾Ⅱの時代（約5000～4000年前）
（『大阪平野のおいたち』図版２の部分）

## 磐余彦命《いわれびこ》はヤマトを目指した

日向の地（鹿児島県と宮崎県）に人々が住み始めたのは、気が遠くなるほど大昔からだった。高速道路建設に伴い、それまで地中で眠っていた遺跡が目を覚ますことで、このことが分かってきたのである。

鹿児島県末吉町の耳取遺跡から、二万四千年前の遺跡が発見された。また薩摩半島にある縄文草創期の仁田尾遺跡からは、総数十万点に及ぶ遺物が発見され、年代未確定ながらイネが作られていた証拠、プラントオパールも発見されている。

宮崎県清原町船引、上猪ノ原遺跡の一万二千年前から一万年前の地層から、六軒の竪穴住居跡が見つかっており、大昔から人々が定住していた証拠となっている。

『記紀』神話には、海にまつわる話が色濃く残されており、遠い昔、彼らは海の彼方からこの地にやって来たに違いない。また南方で採れる縄文貝文化は、北海道から沖縄、そして朝鮮半島にまで及んでいたから、舟の扱いに長けた彼らは各地を往来していたと思われる。

日本書紀は、彦火火出見《ひこほほでみ》（狭野命＝磐余彦命＝神武天皇）が日向におられたとき、「日向国吾田邑《あたむら》の吾平津媛を娶って妃とされた」と記し、古事記は更に詳しく書き記す。

「磐余彦命が日向におられた時、阿多の小椅君《おばしのきみ》の妹の阿比良比売《あひらひめ》を娶って生みし子、多芸志美美命《たぎしみみ》、次に岐須美美命《きすみみ》の二柱座《いま》しき」

「阿多」とは鹿児島県薩摩半島辺りの古称であり、阿多隼人の本拠地だった。磐余彦命は阿多隼人の豪族の娘を娶り、二人の子をもうけていたことになる。

日本書紀、「神日本磐余彦天皇《かむやまといわれびこのすめらみこと》」の条によると、その後、神武一行は東征に向かうのだが、何故、彼らは故郷を離れたのか。そこには、磐余彦命が語った言葉が書き遺されていた。

「瓊瓊杵尊《ににぎのみこと》は天の戸を押し開き、道を押し分け先払いを走らせておいでになった。その暗い中にありながら正しい道を開き、この西のほとりを治められた。代々父祖の神々は善政を敷き、恩沢がゆき渡った。（中略）しかし遠い所の国では、まだ王の恵みが及ばず、村々はそれぞれの長があって、境を設けて相争っている。

さてまた塩土の翁に聞くと〈東の方に良い土地があり、青い山脈が取り巻いている。その中へ天の磐船《いわふね》に乗ってとび降ってきた者がおる〉と。その土地は、大業を広め天下を治めるに良いであろう。きっとこの国の中心地だろう。その飛び降ってきたものは、ニギハヤヒと云うものだろう。そこに行って都をつくるにかぎる」

この地が目指すヤマトだった。その年の十月五日、磐余彦命は三人の兄と長子・手研耳命、それに南九州の男たちを加えた遠征軍を編成し、日向から出立した。手漕ぎの軍船には限りがあり、乗船したのは選ばれた男達だけだった。家督を継ぐべき末子・岐須美美命が残ったのは、万一この遠征が失敗すると天孫族が滅亡する恐れがあったからではないか。

途中の都農村に大己貴神《おおなむち》を祀り（都農《つの》神社）東征の成功を祈願し、耳川の河口、美々津から出立した彼らは遂に故郷へは戻らなかった。

ヤマトの情報を入手していた塩土の翁は、東征ルートの先々で協力者も探し出していた。先ず豊予海峡では水先案内人の協力を得たことが記されている。次いで彼らは宇佐に着き、そこで兵の休養と補給を行った。

十一月九日、磐余彦命は福岡の岡水門《おかのみなと》に着かれた。そして遠賀川流域の西、三郡山地の向こうに広がる倭国連合の情報を入手し、この地を去ったと思われる。

十二月二十七日、おそらくは補給のため、かねてより協力関係にあった安芸国の埃宮《えのみや》（広島県府中町辺り）に立ち寄った。

そして翌年三月六日、吉備国、高島宮（岡山県玉野市）に上陸、三年間留まり、船舶を揃え、武器や食糧を補給し、おそらく吉備の兵力も加えて一挙に天下を平定しようと思われた。自信に溢れ、最短ルートでヤマトへ攻め入った様子を日本書紀は次のように活写していた。

「戊午《つちのえうま》の年、春二月十一日に、天皇の軍はついに東に向かった。軸艫あいつぎ、当に難波

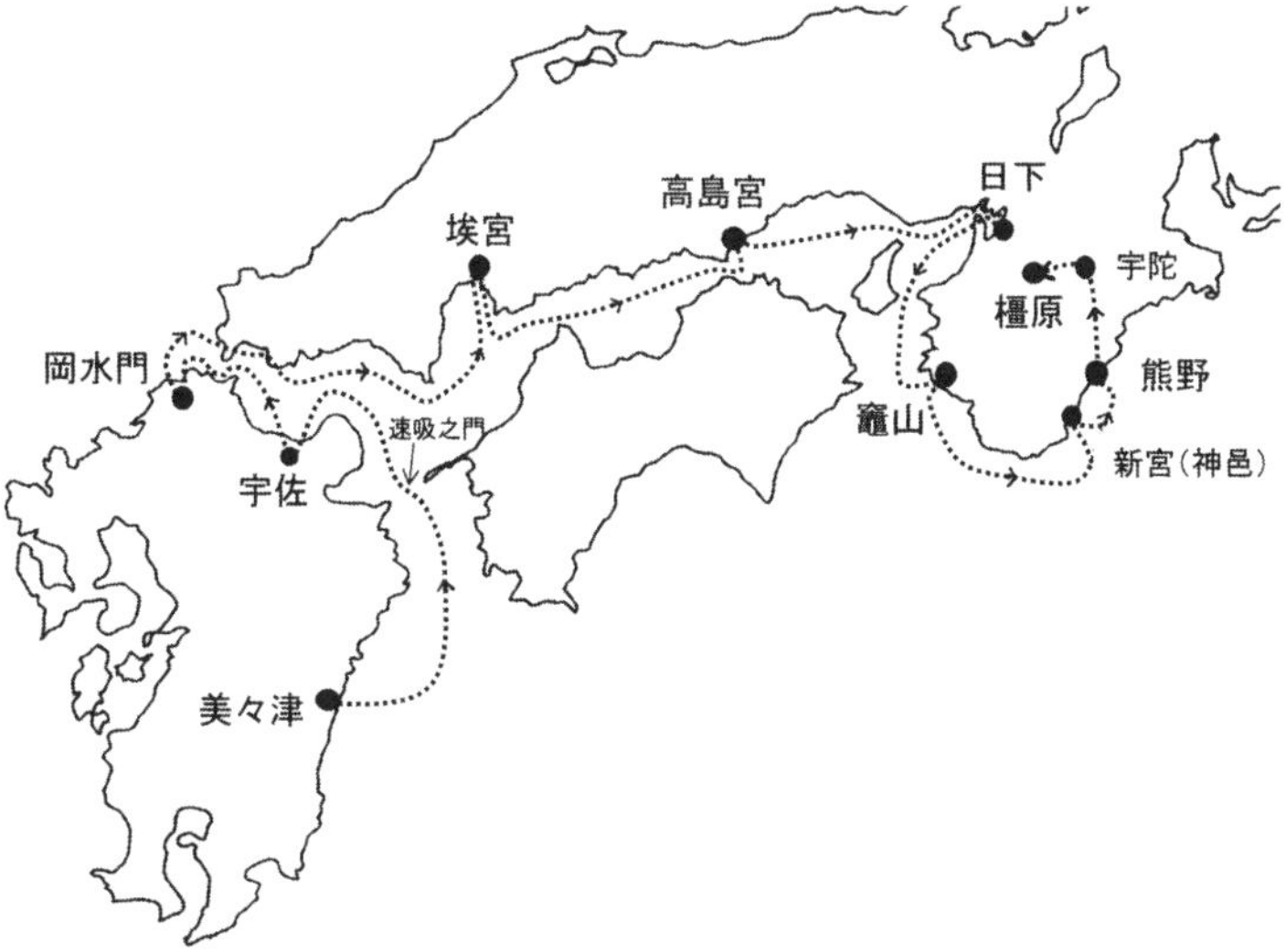


図－４　日本書紀の記す神武東征ルート

碕に着こうとするとき、早い潮流があって大変早く着いた」

「三月十日、川を遡って、河内国草香村（日下村）の青雲の白肩の津についた」

草香に上陸し、長髄彦《ながすねひこ》との戦いに臨んだが苦戦。磐余彦命の兄、五瀬命の肘脛《ひじはぎ》に流れ矢が当たり、天皇の軍は進めなくなった。止むなく彼らは舟で退却し、「南の方より廻りいでましししとき…」と、今の新大阪辺りにある南方《みなみかた》辺りの開口部を通って、大阪湾へと逃れ出た（図―４）。

この文章は、日本語の特徴、「写生の言葉」をいかんなく発揮しているが疑念は残った。どの様な地形を写生したのか、想像出来なかったからである。

## それは「河内潟の時代」の出来事だった

縄文晩期から弥生中期（約三千～二千年前）、即ち、紀元前（以下 前）一〇五〇年（1950-3000=-1050）から前五〇年（1950-2000=-50）頃になると、河内湾は更に埋立てられ、海から潟へと変わって行った。これを「河内潟の時代」と呼んでいる（図―5）。

上町台地から北へ伸びる開口部のやや東側、淡路新町辺り（②）の約二三六〇年前の地層から、チリメンユキガイが出土した。この貝は汽水域に生息することから、河内湾は潟になっていたことが分かる。そして、南森町から森小路に至るラインの奥は淡水域になっていた。これを裏付けるかのように、森ノ宮貝塚の上部や日下貝塚は淡水貝・セタシジミに変っていた。

この時代、上町台地から伸びる砂州は更に北進し、開口部は狭まり、河内潟に流れ込む河川水はここから大阪湾へと流れ出ていたが、満潮になると狭まった開口部を通って海水が潟内部へ逆流し、四～五キロ奥の大阪城の辺りまで達した。そして干潮になると、潟の水は開口部から大阪湾へと勢いよく流れ出た。これが浪速、難波の由来であろう。

「難波碕に着こうとするとき、早い潮流があって大変早く着いた」

この一文は、磐余彦命一行が、河内潟の狭い開口部から流入する潮流に乗って一気に潟内部

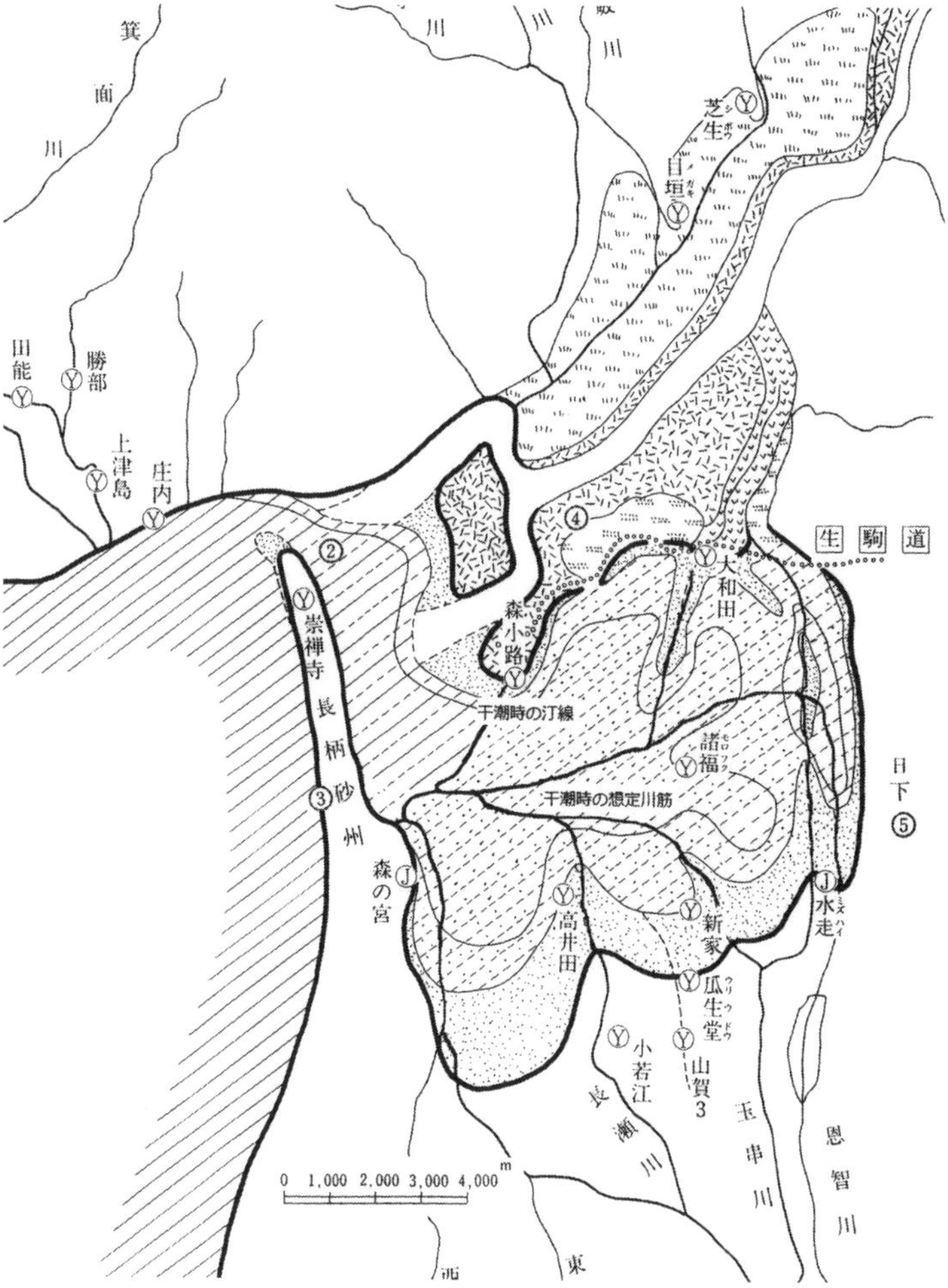


図－５　河内潟の時代（BC50 ～ BC1050 年頃）
（『大阪平野のおいたち』図版３の部分に加筆修正）

に侵入し、難波碕に着いたことを物語っている。河内潟中央部には、弥生時代前期からの高井田遺跡や茨田安田遺跡があり、干潮時には陸地も現れていたことが分かる。注目すべきは、「干潮時になると上流部にまで船で遡上出来た」とした梶山彦太郎氏の指摘である。

「先に、河内潟の潮間帯（満潮と干潮の間）は、有明の干潟のように、泥の深いところであると書きました。しかし川の流れる筋のみは、上流から流されてきた土砂が積もってシルト（砂と粘土の間）または砂地となって、干潮時に、川底づたいに川の末端まで容易に行くことが出来ます」（86）（『大坂平野のおいたち』）

そうか！　難波碕に着いた磐余彦命らは干潮時を見計らって川を遡上したのか、と了解した。なぜなら次なる日本書記の一文は、梶山氏の解説と見事に符合していたからである。

「川を遡って河内の国　草香村の青雲の白肩の津についた」

日本書紀が書かれた八世紀初頭、河内が「潟」だったことなど想像できない程、地形は変わっていた。日本書紀の編著者は、語り継がれた神武一行の様子を、おそらくは疑問を持ちながらも愚直に書き記したに違いない。

このことは「文字の無い時代の口伝は歴史ではない」などとした判断が必ずしも正しくないことを例証した。アイヌの口承文芸・長編叙事詩、「ユーカラ」の存在が、文字のない時代の人間の記憶力の凄まじさを伝えているが、そのようなことが上代日本にもあったのだ。「口伝だから信用できない」ではなく、「私たちの祖先はそれらを誠心誠意文字にした」として向き合わねばならない。では何故、神武東征年代は「河内潟の時代」なのか。

## 「河内湖Ⅰの時代」もはや東征はあり得ない

今から約一八〇〇〜一六〇〇年前、即ち西暦一五〇年（1950-1800=150）から三五〇年（1950-1600=350）頃の地形を、正しく理解することが古代史理解の要となる（図—6）。

藤野　この時期に湾口が閉ざされて湖になってしまうわけですね。

市原　淡路町のところでセタイシガイとか琵琶湖水系の淡水貝ができますから、それが決め手になって湖になっていたことが分かります。上町台地から北方にぐんと発達した砂州は潟の入口をほとんど閉ざしてしまい、淡水化したという考えです。

この時代、湾口が閉ざされ、「湖面が海の満水位以上に保たれた」と梶山氏は敷衍した。

「その場合、海面の満潮線に近い高さに、河内湖の湖面は固定され、多雨期にそれ以上に増水することはあっても、水面が干潮線近くまで、降下するようなことはまずあり得ないことになります。もし湖面が下がるようなことがあれば、干潮から満潮になるまでの約六時間の間に、上流から流れてくる川の水によって、水位を上げねばなりません。（中略）しかし、河内湖Ⅰの時代の湖の水位を、満潮線まで上げる水量は、淀川、大和川を合してもとても無理です。その水域が淡水であるとすれば、これは河口部の排水が悪く、満潮線近くに河内湖の水面があったことになります」（104）（『大阪平野のおいたち』）

即ち、「河内湖からは大阪湾へと流れ出ていた」だけとなる。この時代に神武東征が行われたなら、四キロの遠浅の海を北東に向かって漕ぎ進むことになる。大阪湾の干満差は約二メートルであるから、満潮時でも、湖と海の接続部の二キロ沖合で水深約一メートルと推定される。そこを進む船は、兵士と武具、武器、石鏃、食料を載せた軍船であり、満潮時でも河内湖入口到達半ばにして座礁したに違いない。大阪湾から開口部に向かってある程度進めたとしても、満潮を逸すれば砂浜がみるみる広がり、海へと流れ出る河川水に押し流され、座礁したまま押し戻される恐れすらあった。

すると、軍船は河内湖の開口部に到達できないから、「早い潮流があって大変早く着いた」なる描写はあり得ない。仮に、河内湖に入れたとしても、そこは湖なのだから生駒山の麓まで

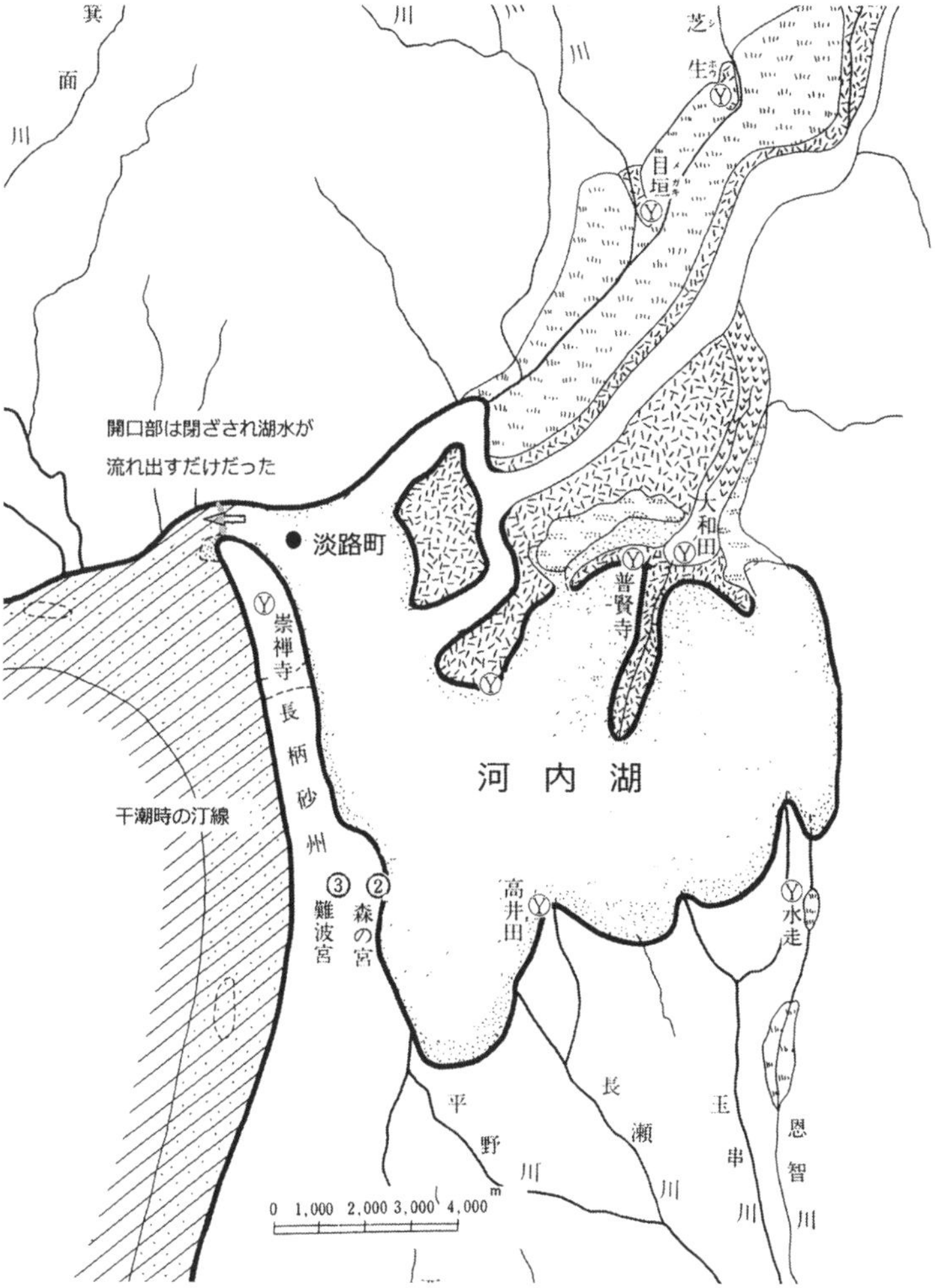


図－６　河内湖Ⅰの時代（150～350年頃）
（『大阪平野のおいたち』図版４の部分に加筆修正）

一定水面、遡上し得る川は消えていた。つまり「難波碕から川を遡って」もあり得ない。即ち、「神武一行の難波碕への侵入はこの時代ではない」ことが証明されたことになる。念のため、次の時代も確認しておきたい。

## 「河内湖Ⅱの時代」の地形とは

生駒山の麓には深野池や新開池は残っていたが、この時代（五世紀頃）になると地形はすっかり変わっていた（図―7）。

藤野　河内湖Ⅱの時代というのは、どういった特徴から分けられたのですか。

市原　大川の堀江が開削されてから後の時代を河内湖Ⅱの時代と呼んでいるのです。（中略）淀川デルタが発達して、上町台地から北方に長く伸びた砂州に近づきます。そしてついには、淀川はこの砂州を横断し、新しい水路を開いて大阪湾に流れ出します。しかし一方で淀川のデルタの発達は止みませんから、屡々流末が停滞することもあったでしょう。

このような状況では、おそらく洪水時には河内湖の水はこの北に延びた砂州のうちで最も低いところを求めて、そこから自然に西方の大阪湾に溢れでていただろうと思います。その低いところというのが砂州のつけ根の処、大阪城の北の箇所です。

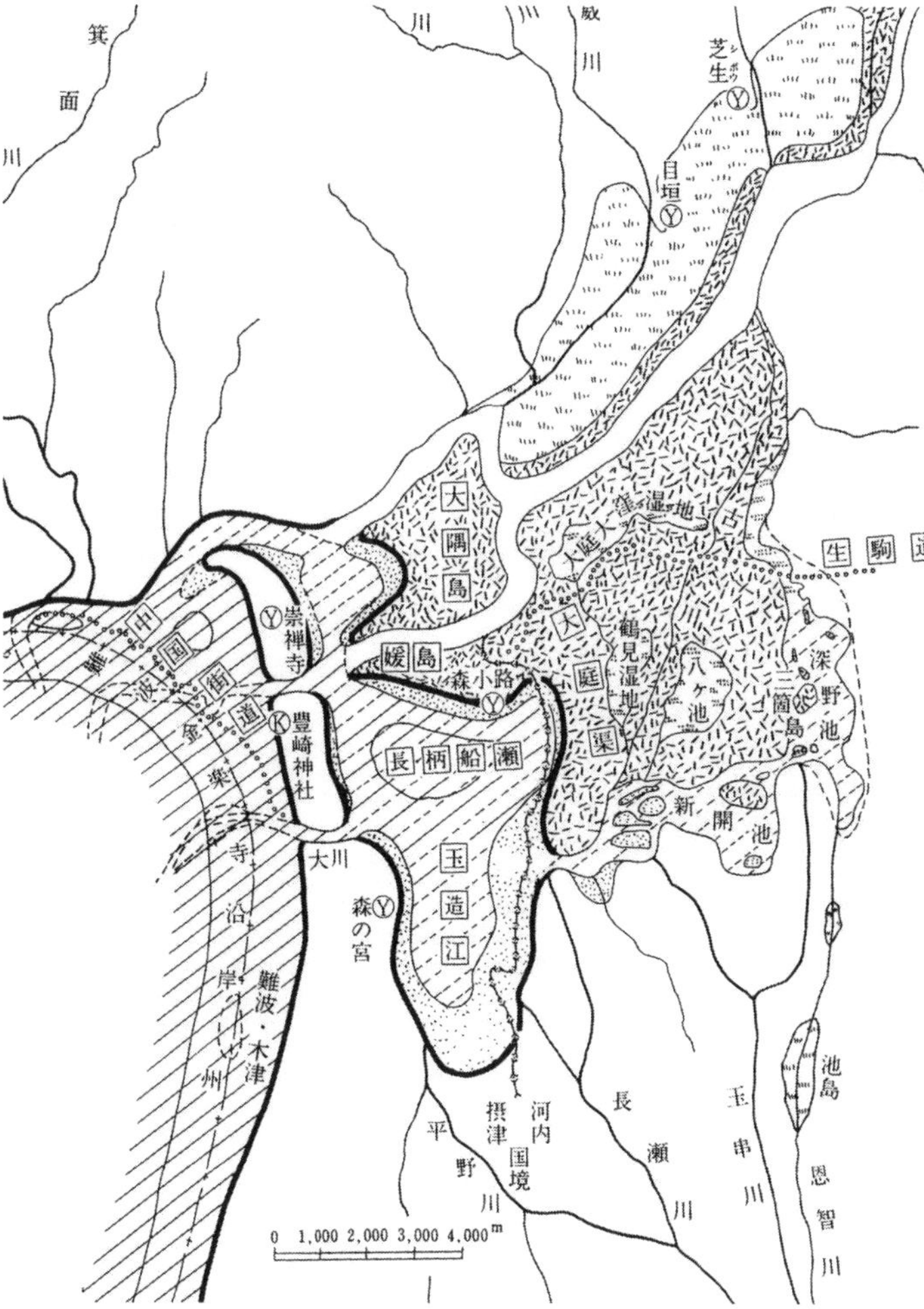


図－7　河内湖Ⅱの時代（５世紀）
（『大阪平野のおいたち』図版５の部分）

ですから当時の人々が溢水箇所を更に掘りさげて、流れを良くしようとしたことは極めて自然なことと思われます。

このようにして所謂難波の堀江（現在の大川）が開削されると、河内湖の水と一緒になって、大川を通って西の海に流れ出します。その結果、この大川の開削部付近から北方の河内湖の水域は、穏やかな安定した水域となり、奈良時代くらいまでは船舶の良い碇泊地となったことと思います。所謂、長柄《ながら》の船瀬です。

日本書紀は、仁徳天皇が堀江の開削を命じたと書き記す。その御代とは、後ほど明らかにする筆者の推定西暦（以下　実年）で、四一一〜四二八年、五世紀初頭のことである。

「十一年夏四月十七日、群臣に詔して、〈いまこの国を眺めると、土地は広いが田圃は少ない。また河の水は氾濫し、長雨にあうと潮流は陸に上がり、村人は船に頼り、道路は泥に埋まる。群臣はこれを良く見て、溢れた水は海に通じさせ、逆流は防いで田や家を浸さないようにせよ〉といわれた。

冬、十一月、宮の北部の野を掘って、南の水を導いて、西の海（大阪湾）に入れた。その水を名付けて堀江といった」

こうして神武東征年代とは「河内潟の時代」以外はあり得ないことが確認できた。すると、神武東征を事実とし、且つ「邪馬台国が東遷した」や「邪馬台国を滅ぼした狗奴国が東征した」は成立たなくなる。

何故なら、魏志倭人伝に依れば、卑弥呼の死は二四七～八年頃であり、女王国はこの頃まで確実に存在していた。仮に「邪馬台国が東遷した」なら、その時代は「河内湖Ｉの時代」と重なる。すると日本書紀の「あの描写」が人々の記憶に残り、語り継がれる筈がないからだ。

即ち、これらの論は、動かしようのない『大阪平野の発達史』から「ＮＧ」が突付けられたことになる。

# 第二章 「邪馬台国」と「黥面文身」を読み解く

## シナ文献に背を向けてはならない

多くの識者は、シナの『倭人伝』とは、当時の日本を知るうえで必要不可欠な文字文献としてきた。例えば、石原道博氏は次の様に記す。

「中国正史の四夷（外国）といえば、その性質上、当該国の史料としては、概ね二等、三等の価値しかないのが普通であるが、『魏志』、『後漢書』、『宋書』などについては、日本古代史研究の上にも、必要欠くべからざる重要な史料価値を持つ点に、その特異性が見られるのである」（21）（『新訂　魏志倭人伝』）

だが、真っ向否定する学者もいた。例えば、西尾幹二氏は、『国民の歴史』（産経新聞社一九九九）の【7魏志倭人伝は歴史資料に値しない】で次のように記していた。

「『魏志倭人伝』は日本の内情に関する唯一最古の文字文献として、敗戦後の日本古代史研究に猛威を振るってきた。この書が示す女王卑弥呼の三世紀前半における実在を前提として、大和朝廷の位置や年代が左右されてきたからである。

私には不思議でならない。尊重されてきた理由は唯一最古の文字文献だからだが、全く同じ理由から、私はこの文書には歴史資料としての価値が殆ど無いと信じている」（150）

「今の日本で邪馬台国論争が果てるところを知らないのを見ても、『魏志倭人伝』がいかに信用ならない文献であるかは立証されているともいえる」(152)

渡部昇一氏も谷沢氏との対談、『こんな歴史に誰がした』(クレスト社　一九九七)で魏志倭人伝の史料価値を否定していた。

谷沢　戦後の歴史学界では『古事記』と『日本書紀』が無視され、考古学が偏重されたわけですが、それと同じように余りに偏重されたのがシナの文献です。(中略)この『魏志倭人伝』を最初から真実と決めつけ、そこから延々と邪馬台国論争が今も繰り広げられている。しかし、はたしてそんなにシナの文献を信じて良いものか――大いに疑問です。(29)

渡部　そもそも伝統的なシナの世界観から見れば、日本人は蛮族なのです。軽蔑すべき蛮族のことを彼らが正確に書こうとするわけがない。『魏志倭人伝』に書いてあることが客観的事実であるはずがありません。(30)

その後、渡部氏の『日本の歴史①古代編』(ワック　二〇一一)を開いて見ると次のようにあった。

「日本と交渉らしい交渉がなかったころの魏の時代に、卑弥呼について何を書いたところでどれほどの意味があるのかということである。史実として信用できるわけはない」（104）（中略）「だから魏志倭人伝をいくらいじりまわしたところで日本の古代がわかるわけがない。魏志倭人伝を逐語的に読み、文字通りに信ずるくらいなら、日本書紀を丸ごと信じてもおかしくはない」（105）

だが、倭とシナは何度も交渉し、志賀島からは「金印」まで出土していた。頭ごなしに否定するのではなく、問題点を具体的に指摘して下されば有難かった。また日本書紀を評価されるのは結構なのだが、残念ながら氏の古代史観は旧態依然たるものだった。

筆者は、「日本書紀は勿論、シナ正史も古代日本を知るうえで必要欠くべからざる重要な史料価値を持つ」との立場であり、先ずシナの倭人伝から検討を加えて行くことにしたい。

## 当時の東アジア情勢を概観する

話を進める前に、この時代の東アジア情勢を概観しておく。

北部九州で水田稲作が行われていた頃、シナでは前一〇四六年に殷から周へと王朝が移り、この頃に青銅器や貨幣が流通するようになる。前七七一年に周が亡び形ばかりの東周が成立、群雄割拠の春秋時代へ突入する。そして前四〇三年に戦国時代へ移り、前二二一年に秦の始皇帝が中原を統一するが直ちに崩壊。一部の流民が半島へ流れていった。

前二〇二年に漢に替り、その後、新を挟んで二五年に後漢が成立するが後漢も亡ぶ。その後、二二〇年から二八〇年までは魏、呉、蜀の三国時代となり、二八〇年に晋が統一。即ち、シナ大陸は戦乱に明け暮れていた。

わが国の形成過程はシナ正史からも窺い知ることが出来る。日本のことを伝えた正史は十八あり、最初に倭人が登場するのは、班固が八二年に編述した『漢書』地理誌・燕地の条である。

「楽浪の海中に倭人あり、分かれて百余国と成る、歳時を以て来たり献見す」

その後の日本を記した『後漢書』巻一一五東夷伝・倭（以下　後漢書倭伝）も重要な文献である。後漢の成立年代は魏の前だが、これは三国志が成立して後、南朝・宋の時代に范曄（三九八～四四五）によって書かれた。従って、「倭に関する部分の多くは魏志倭人伝に依拠した」と云われるが、漢と倭の記述は信憑性が高い。例えば、次のような一文がある。

「武帝（前漢第七代、前一四〇～前八七年在位）が朝鮮を滅ぼしてから、使訳（使者と通訳）の漢に通ずるものは三十ばかりの国である」

日本の弥生時代中期初頭、前一〇八年に武帝は朝鮮を滅ぼし、楽浪郡を設け、その地を植民地支配していた。また、「使訳」から、この頃の日本には漢字が分かる通訳がいたことが分かる。その後、倭人の国々とシナとの交易は活発になり、それらの国々は生口を含む多くの献上品を贈り、有用な文化は取り入れ力をつけて行った。但し、野蛮で有害な習俗、例えば、食人習慣、纏足、宦官などは捨去り、受入れなかった。

シナと倭との交渉の証として、後漢書倭伝は次のような記録を残している。

「建武中元二年（五七年）、倭の奴国が貢ぎを奉じて朝見した。光武帝は印綬を賜った」

これが江戸時代、志賀島から発見された金印、「漢委奴国王」と考えられている。「委」か「倭」かの論争はあるが、奴国が北部九州の志賀島付近にあったことと、倭と漢との交渉を記した部分の正しさを裏付ける結果となった。

この時代、後漢にとって倭国は最も重要な国の一つだった。

何故なら、吉野ケ里遺跡から発見された倭錦、それは貝紫を用いたシナでも作れない絹織物だった。更に、弥生中期の福岡春日市赤井出遺跡から出土した鉄斧は、硬度の異なる二種類の鉄からなる鍛造品だった。即ち、当時の日本はシナをも凌ぐ技術力を有しており、一目置かれる存在だったに違いない。

そうでなければ、北部九州の一小国の王に「金印」を与えたりはしない。当時の韓の邑長は、「銅印」しか与えられなかったというから、その差は絶対的だったのである。

## 倭人は朝鮮半島南部にも住んでいた

次いで倭人は、三国志の中の『魏志』巻三〇・東夷伝・倭人の条（以下　魏志倭人伝）に登場する。この書は、西晋の時代、陳寿（二三三〜二九七）により編纂された。

つまり陳寿は卑弥呼と同時代人であり、その時代も倭とシナは相通じ、人の行き来もあったから、彼らは「倭国、倭人」を良く知っていた筈である。では彼らは、「倭」をどう理解していたのか。先ず、その周辺国、三国志・韓の条から見ていこう。

「韓は帯方郡の南にあり、東西は海をもって限りとなし、南は倭と接す。方四千里ばかりなり、三種あり、一に馬韓といい、二に辰韓といい、三に弁韓という」、「馬韓は西に在り」、「凡そ五十余国」、「辰韓は馬韓の東にあり」、「弁辰の瀆盧《とくろ》国は倭と境を接す」

「韓の東西は海、南は倭の地」だった。実は縄文時代から多くの人々が日本から半島南部に移り住み往来していた。かなりの韓国人のＤＮＡが縄文・弥生時代の日本人と相同であり、半島から出土する多くの縄文・弥生土器がこのことを裏付けている（『日本人ルーツの謎を解く』45）。

では、半島南部の「倭人の国々」とはどこを指すのか。魏志倭人伝は次のように書き記す。

「帯方郡より倭に至るには、海岸に従いて水行し、韓国（半島西南部の馬韓）を経て、時に南へ、時に東へ、七千余里で、その北岸・狗邪《くや》韓国に至る」

「韓国」とはシナの植民地名であり、後漢の宰相・公孫康が設けた郡（黄海・京畿両道の辺り）を指していた。そして狗邪韓国を森浩一氏は次のように記した。

「（金海貝塚から）北部九州で作られた甕棺が出土していることは名高い。金海貝塚の甕棺をはじめ、狗邪韓国の範囲では日本列島で作られたとみられる土器や青銅器などが出土することがかなりある。勒島《ろく》では、島全域から韓国の土器に交じって弥生土器が出土する。弥生土器やその土地の土で焼いた弥生的な土器も多い。貿易上の交流拠点で、かなりの数の倭人が居住していたとみられる」（57）（『倭人伝を読みなおす』）

朝鮮半島南部からは、広鋒銅戈《さきか》の他に佐賀県・腰岳の黒曜石、姫川の勾玉、琉球列島で採れる貝製品なども出土している。この時代も、北部九州の倭人はこの地に進出し、根を張っていたのである。

## 倭人伝の「倭人」とは誰を指すか

では「倭人」とは誰を指すのか確認しておきたい。

広辞苑第三版で「倭人」を引くと、「中国人などが日本人を呼んだ古称」とある。「倭国」を引くと、「漢代以来、中国からわが国をいった称」とある。

日本史事典は「倭・倭人」を「古代の中国がつけた日本列島および住民を指す名称」とある。大修館書店の『大漢和辞典』は高名なシナ学者、諸橋轍次に依るものだが、そこには「古《いにしえ》、中国人が日本人を称していふ」、「古、中国人がわが国を称していふ」とある。

これでは九州はもとより、中国、近畿から東北の人まで、「倭人とは自分たちのご先祖様を指している」と受取るかも知れない。だがこれらの理解は正しくない。名称を正しく理解しないと、正しい文献理解に至らない。「倭人」を「日本人全体を指している」と誤解すると、「信用できるわけがない、史料に値しない」なる拒否反応も起こってくる。

鳥越憲三郎氏は、『中国正史　倭人・倭国伝全釈』（中央公論新社　二〇〇四）のまえがきで、自らの研究結果と出版目的を次のように述べていた。


「そのことは（鳥越氏が研究してきた結論は）中国の正史に見える倭人・倭国が、日本人・日本国に対しての呼称であるとしてきた先学者たちの見解を真っ向から否定するものであった。〈倭人〉という語の起こりは、黄河流域を原住地として政治的・軍事的に覇権を掌握した民族が、取りわけ秦・漢の時代以降、彼らの迫害によって四散亡命した長江流域の原住民に対して、蔑んでつけた卑称であった」(7)

当時、魏や後漢などの北方系シナ人と接した倭人は顔や体に入墨をしていた。漢族にとって入墨＝黥面《げいめん》文身は「醜い」とされ、故に「倭」という卑称で呼ばれた、と氏は結論付けた。その上で、南方に残る「黥面文身」の写真を載せ、「温暖地の倭人は体を直接曝す機会が多きために、顔や体に入墨をしていた。この風習は揚子江沿岸、ベトナムまで拡がった風習だった。だが比較的寒冷な地方では、また海に潜る機会の少ない地方では服装が装飾になる故、体に入墨を行う習慣は受け入れなかった」とした。

「以上のことで分かるように、倭人、倭国という用語は、日本人・日本国を指しての呼称ではなく、原住地の長江流域から各地に移動分布した民族の総称として、漢族が名付けた卑称であった。そのことが理解されなかったことから、これまで中国の史書の注釈をどれだけ誤ったかしれない」(17)

だが、ここで論じようとする後漢書倭伝や魏志倭人伝の「倭人」とは、氏の理解とは異なることを示しておこう。

## 倭人男子は「大小となく皆黥面文身」す

鳥越氏は、「倭人とは北部シナ人が揚子江下流域から四散した人々を蔑んでつけた卑称」としたが、魏志倭人伝は倭人の入墨習俗に理解を示していた。

「男子は大小となく皆黥面文身す。古より以来、その使い中国に入貢すると、皆自らを大夫と称す。かつて夏后少康《かこうしょうこう》（夏六代の王）の子が会稽（浙江紹興）に封ぜられ、断髪（髪を特殊な形に断ち）、黥面文身して蛟竜の害を避ける。いま倭人の水人たちは盛んに水に潜って魚や貝をとっているが、体に入墨をするのは大魚や水禽を追い払うためであって、それが次第に飾りとなった。クニ毎に入墨がそれぞれ異なり、或いは右側、或いは左側、或いは大きく、或いは小さく、尊卑による区別がある」

『史記』によると、「周の太王の長男・太伯は弟に政権を委ね、自らは華中（揚子江の下流域）の地に落ちのび、断髪・黥面文身し、春秋時代の呉の王となった」という。

また『魏略』は、「倭人の伝承によると〈自分たちは太伯の子孫だ〉と言っていた」というから、倭人とは、周の長子につながる「呉の王」の子孫となる。すると、「黥面文身は恥ずべき風習ではなく、太伯に繋がる誇るべきもの」となる。

更に、倭人を観察することにより、彼らは「倭人の黥面文身とはオシャレであり、身分やアイデンティティを現す手段」と理解していた。

三国志・韓の条は、馬韓（後の百済）について「その男子時時文身することあり」とし、辰韓（後の新羅）に関する次なる記述が、朝鮮半島の倭人の入墨習俗を間接的に書き表していた。

「男女は倭に近くまた文身す」（辰韓の男女の風習は倭人に近く体に入墨をしている）

後漢書倭伝も「男子は皆黥面文身す、その文の左右大小を以て尊卑の差を別つ」と明記しており、後漢の時代から黥面文身習慣があったことが分かる。

後漢から魏の時代、倭国の使節や生口がシナに行き、シナの使節は倭の地を訪れ、その習俗を目の当たりにしていた。そして、彼らが接する倭人男子は、「皆黥面文身」していたからこそ、彼らは、「男子は大小となく皆黥面文身す」と記したに違いない。

## 倭国と女王国はこの辺りになる

邪馬壱国の位置について様々な論議がなされてきたが、魏志倭人伝を普通に読めば容易に見当が付く。そこに至るルートを辿りながら、倭人の国々とは何処を指すのか確認しておきたい。

「（帯方）郡より倭に至るには、海岸に従って水行し、その北岸狗邪韓国に至る七千余里」

「始めて一海を渡る千余里、対馬国（対馬）に至る」

「また一海を渡る千余里、一大国（壱岐）に至る」

「また一海を渡る千余里、末廬国（肥前松浦郡・今の唐津辺り）に至る」

「東南陸行五百里にして、伊都国（糸島郡深江辺り）に至る」

「東南奴国に至る百里」

「東行不弥国（不詳である）に至る百里」

「南、投馬国に至る水行二十日」

「南、邪馬壱国に至る、女王の都する所、水行十日陸行一月」


そして、女王国連合に属するであろう国名が二十一並び、重要な一文が書き記されていた。


「これ女王の境界の尽きるところなり」

「その南に狗奴国あり、男子を王となす。その官に狗古智卑狗あり。女王に属せず」

「帯方郡より女王国に至る一万二千里」


これが魏志倭人伝の記す倭人の国々だった。その範囲は半島南部から対馬、壱岐、北部九州を含む地域の国々を指していた。では女王の都は何処にあったのだろうか。

帯方郡から女王国（の都）まで一万二千余里であり、帯方郡から不弥国までの距離は一万七百里なのだから、不弥国から女王国（邪馬壱国）までの距離はその差、一三〇〇余里以内となる。不弥国は特定できないが、奴国は博多付近と考えられており、どちらに進もうが女王国は博多から半径一四〇〇里以内になる（図—8）。

この書は、狗邪韓国から対馬までの約七〇キロを千里としているから、一里＝約七〇メートルとなる。すると、邪馬壱国は奴国からはその一四〇〇倍、最遠でも半径一〇〇キロ以内となる。道や川は直線ではないことを考慮すれば、概略五〜七〇キロ以内、投馬国、邪馬壱国に至る方位＝南を考慮すれば、佐賀県の筑後川下流域周辺が有力候補となる。例えば、津田左右吉は次のように見ていた。

「邪馬台の所在についてはそれをツクシの一地方とするのと、皇都の地であったヤマトとするのと、二つの説があるが、魏志の記載を正しく解釈する限り、それがツクシの一国であることには、何ら疑いが無い。そうしてその位置については筑後の山門郡とする説が従うべきものと考えられる」（『日本古代史の研究』上）

だが「邪馬台国は邪馬台《やまと》にあった」と主張する人がいる。「その南に狗奴国あり」から、ヤマトの南にある狗奴国を比定することは困難であろうに、固執する気持ちが分からない。

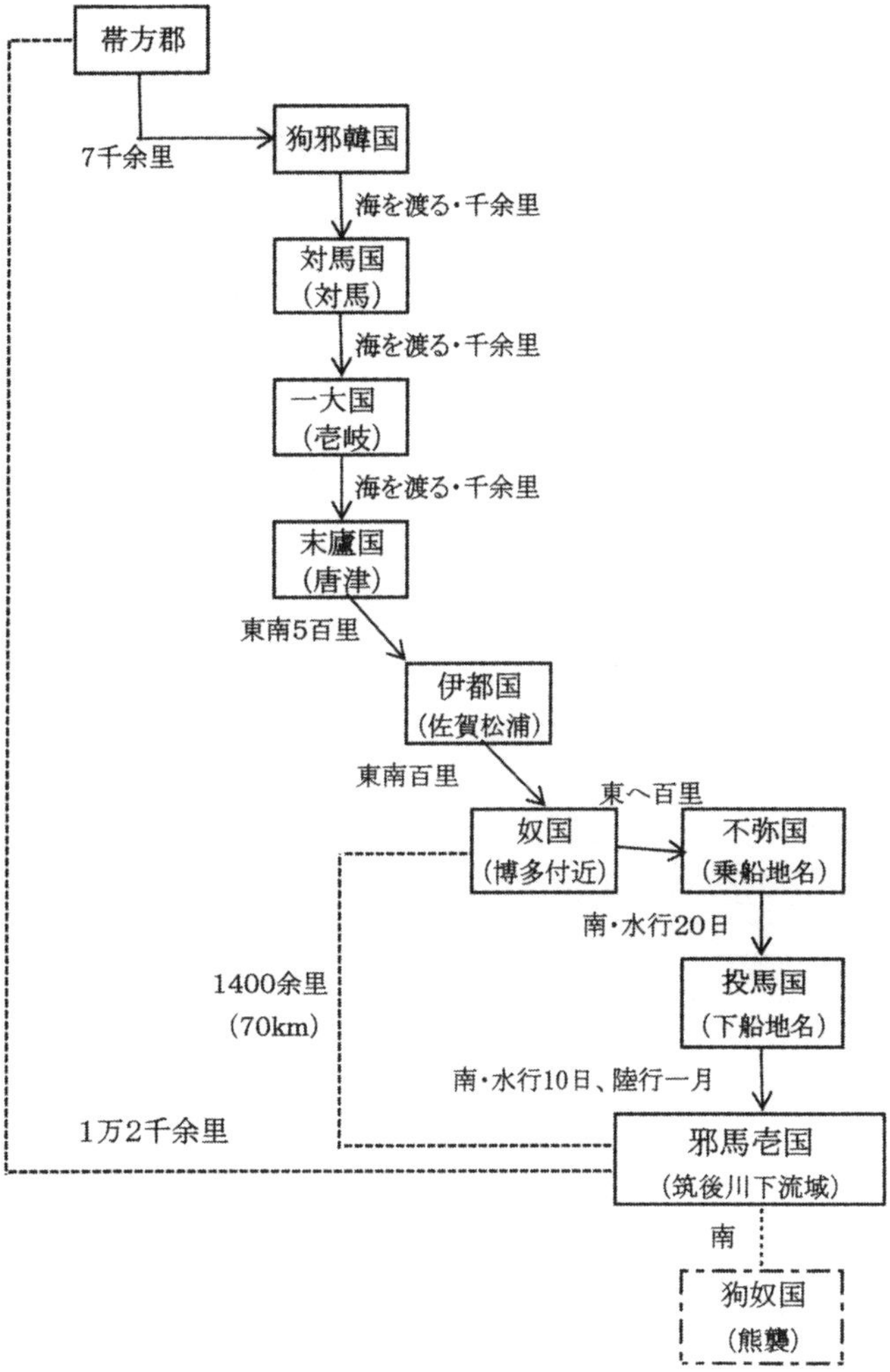
帯方郡
7千余里
狗邪韓国
海を渡る・千余里
対馬国
（対馬）
海を渡る・千余里
一大国
（壱岐）
海を渡る・千余里
末盧国
（唐津）
東南5百里
伊都国
（佐賀松浦）
東南百里
奴国
（博多付近）
東へ百里
不弥国
（乗船地名）
南・水行20日
投馬国
（下船地名）
南・水行10日、陸行一月
1400余里
（70km）
1万2千余里
邪馬壱国
（筑後川下流域）
南
狗奴国
（熊襲）

図－８　帯方郡から邪馬壱国への道

魏志倭人伝を論理的に読めば、他にも「邪馬台国ヤマト説」を否定する一文に行き当る。例えば、「女王国より以北、その戸数・道里はほぼ記載できるが、それ以外の辺傍の国は遠く隔たり、詳しく知ることが出来ない」がそれである。

女王国がヤマトでは「北以外の国々は詳しく知ることが出来ない」には矛盾が含まれる。当時のシナ人は、ヤマトの西にある対馬国、一大国、末盧国、伊都国、奴国などを詳しく知っていたからだ。

女王国が筑後川下流域周辺なら、末盧国、伊都国、奴国などは皆、「女王国から北」になり、そこに至る周辺の国々も含め、「女王国より以北、その戸数や道里はほぼ記載できる」はそのまま理解できる。次なる一文も「邪馬台国ヤマト説」を否定している。

「女王国の東、海を渡る千余里、また国あり、皆倭種なり」、「倭の地を参問するに、海中洲島の上に絶在し、或いは絶え、或いは連なり、周旋五千余里ばかりなり」

魏の使者は、「女王国の東、海を渡る千余里」に、「倭種」の国があることを「参問」、即ち、間接的に知っていた。

女王国が北部九州なら、倭種の国とは、瀬戸内海の彼方にあるヤマト方面を指していると理解できるが、ヤマトなら、その東、海の彼方千里は太平洋の中となり、説明出来ない。従って、「女王国は北部九州か畿内か」と問われたら、「北部九州」と答えるより他にない。

## 「正史」を勝手に読変えてはならない

わが国の成立過程を理解するには、古代の人々が心血を注いで書き上げた正史を頭ごなしに否定してはならない。根拠を示すことなく読変えてもならない。持論に不都合だからと云って読み飛ばしてもいけない。だが昔からこの基本が守られていない。

例えば、江戸時代の京都の医師、松下見林は、魏志倭人伝に「邪馬壱国」と書いてあるのに、「わが国では代々天皇は大和にいらっしゃった。だからヤマトと読めないのはシナ人が書き間違えたに違いない」とし〈壱〉を〈臺＝台〉に読直したという。この種の読変えが許されるなら史書は別物になってしまう。

筆者は、魏志倭人伝を語るときは「邪馬壱国」、後漢書倭伝を語るときは「邪馬臺国」、そして一般表現の場合は「邪馬台国」とし、読変えはしない。次のような〝決めつけ〟も感心しない。

「女王国は近畿にあったと考えるべきで、近畿のうちでも考古学的に見て、三世紀の遺跡が多く見つかっているところがそれである可能性が高い。更に対象をしぼれば邪馬台《やまと》と呼ばれていた地方ということになって、いまの奈良県辺りに落ち着くのだが（後略）」（78）（八木荘司『古代天皇はなぜ殺されたか』角川文庫）

最初から「考えるべきで」とはおかしな考え方である。更に、氏には「女王国」の位置を論理的に特定する姿勢が見当たらなかった。

「これまでのいわゆる邪馬台国論争は、『魏志』倭人伝に記された朝鮮半島からの行程をもとにした位置論で展開されてきた。しかし、邪馬台国への帯方郡からの距離は一万二千里、当時の一里＝四百三十四メートルで計算すると実に五千二百キロという、シンガポールか旧ボルネオ島にまで達するとんでもない数値になっている」（72）（前掲書）

既述の通り、魏志倭人伝を普通に読めば「一里は約七〇メートル」となる。それを曲解する心根が分からない。氏は例外かというと、実はそうでもなかったのである。

## 当時のシナ人の旅程は今とは異なる

春成秀爾氏は『三国志が見た倭人たち』（山川出版社　二〇〇一）で「南、投馬国に至る水行二十日。南、邪馬壱国に至る、女王の都する所、水行十日陸行一月」を次のように読み変えていた。

「南、投馬国に至る水行二十日」を、船の旅程は「一日一〇時間漕ぎ、三〇キロ進むと、二十日で六〇〇キロ進む」とした。方向は、「四十五度修正しても候補地がない。そこで、九〇度修正して、東の方向に向かって水行二十日というと、これはありうるだろう」(231)と方位も大きく変えていた。

次いで、「南、邪馬壱国に至る、水行十日陸行一月」を「陸行で一ヶ月というと、博多から鹿児島まで歩いてもこれ程かからない。八日あれば十分いける距離だろう」(228)とした。

また氏は、博多から鹿児島までの歩行距離を三〇〇キロとし、それを八日で行くとなると一日約四〇キロ、一日一〇時間歩くとして、時速四キロと想定した。これでは行きすぎてしまうので、「この陸行一月は陸行一日の間違いであって…」と日程も適当に変えていた。その上で、「こう想定すると邪馬台国の位置はどうしても奈良盆地になる」(232)とした。

だが「博多から鹿児島までの歩行距離三〇〇キロ」とは、九州自動車道路の距離にほぼ等しい。山を削り、トンネルを掘り、窪地を埋め、川や谷に長い橋を架け、可能な限り平坦でカーブも少なく、短距離で結んだルートがそれだ。

言うまでもないが、当時の道を現代の高速道路の感覚で論じてはならない。川に橋があるとは限らない。川は船を使うか、上流まで迂回しなければ渡れない。トンネルはないから、山越は、峠を目指して山を登るか麓を大きく迂回しなければならない。

春成氏は徒歩を想定していたが、「シナ皇帝の詔を伝える正使が徒歩」はあり得ない。時代は下るが、シナの属国、朝鮮通信使の正使ですら輿で移動したからだ（図―９）。大陸使節の旅ともなれば、護衛の兵士や従者以外に、献上品や下賜された品々の移動も伴う。魏志倭人伝には「牛・馬なし」とあるから、全て人力で運んだことになる。これらを前提に距離や時間を論じなくてはならない。

また彼らの旅とは、「時速四キロで目的地に向かってまっしぐら」ではない。それは、行く先々で調査をしながらの旅だった。倭人伝には、各地の国名、歴史、習俗、行政組織、個人名、文化、軍事技術、生産物、産業、戸数、周辺国との関係などが事細かに記されており、これらを前提にその旅を想像すると次のようになろう。

彼らは、春か初夏の凪《なぎ》を見計らって狗邪韓国から手漕ぎの船で出立し、対馬、壱岐を経て唐津あたりに上陸。そこから徒歩で博多辺りに行き、更に南へ「水行二十日」とは佐賀県県境に向かって船で漕ぎ進むことになる。

その川を御笠川とすれば、流れに逆らっての遡上となり、手漕ぎの船では一日にどのくらい進めたか定かではない。雨が降り、流れが速ければ、遡上は困難故、流れが穏やかになるまで船宿で待たねばならない。江戸時代から明治期まで、渡河や川旅には船宿が付き物だったことも今では忘れられている。

図－９　朝鮮通信使
（『海游録』東洋文庫 252　平凡社）

一行は、朝起きると簡単な食事をし、身支度を調え、乗船し、荷物を積むことになる。その後も食事の度に上陸、設営、火をおこし自炊、昼寝、後片付けが終わってから出発。暗くなる前に上陸して船宿に泊るか設営。シナ人の風習からしてブタや猪を解体調理したかも知れない。実際、朝鮮通信使も時に肉を喰らいながらの旅だったからだ。

事ある毎に占いやお祈りをしたかも知れない。更に川の周辺にクニがあれば下船し、記録しながら進んだことだろう。従って、距離は短くとも日数がかかり、「南、投馬国に至る水行二十日」とは、「上流の投馬国に至る船旅は二十日ほど見ておきたい」であろう。

すると「南、邪馬壹国に至る、水行十日陸行一月」も、投馬国から邪馬壹国に至る旅程は、「水行十日陸行一月ほど見ておきたい」となる。

投馬国に着くと船を降り、官吏に会って戸数や官吏の名前などを調べ、歓迎の宴に応じ、受ければ返礼の宴を催すのがシナ人の風習である。それだけで二、三日を要す。

シナ皇帝からの土産物や儀式に使う衣冠束帯、武器や食料などは人力で運ぶしかなく、輿も人が担ぐから、最も遅いと思われる輿の速さで全体の行列は進まざるを得ない。

何日か陸行して筑後川支流の船着場に至り、船に乗り、沿岸にクニ（吉野ケ里など）があれば下船、調査、歓迎の宴、返礼の宴、再乗船し、筑後川を下り、最終的な上陸地点に至る船旅は十日ほど見ておく必要があるとした。雨天や、流れが速すぎれば船宿で待たねばならない。

最後の船着場で下船し、陸行に移る。衣冠束帯を整え、やはり輿の速さで全体の行列は進むことになる。シナ人には入浴習慣はないものの、時に沐浴し、炊事と食事、排泄、午睡、洗濯と衣類の乾燥、陸行でも雨が降れば待つしかない。

また女王国の南には敵対する狗奴国があり、使節一行は衛兵を伴い、暗くなる前に予定を終了せねばならない。この時代、環濠集落が示すように多くの戦いが起きていたからだ。こう見ると一日にどのくらい進むのか分からない。従って、日本のような多雨地帯の「川旅を交えた旅を日数で表した」ことは合理的な記述方法であった。

それを、天候や川の流れ、道路事情、輿を考慮せず、「船旅は一日十時間で三十キロ進む」や、健常者のウオーキング感覚で「陸行は時速四キロで十時間行進、一日約四十キロ進む」はあり得ない。今の基準ではなく、当時の実情を勘案し、シナ人の習慣を考慮しながら、常識に沿って魏志倭人伝を読み解く必要がある。

## 日本は「旧小国倭国の地」を併す

卑弥呼の時代、「女王国の東」ヤマトの一角に拠点を築いた大和朝廷が侮れない勢力として台頭していた。それを津田は次のように記した。

「それが何時からあったものかは、もとより明らかでないが、それは遅くとも二世紀ころには、その地方における堅固な勢力として存在したはずである」（『日本古代史の研究』上）

「二世紀ころ」とは、実年では開化天皇や孝元天皇の御代にあたる。この時代、ヤマトの勢力は近畿から周辺地域へ拡大していったことが、その後のシナ正史からも知ることが出来る。

陳寿（二三三～二九七）の時代、シナと通じていた倭人は「邪馬壱国」と言い、シナ人はそう聞いたのではないか。

范曄（三九八～四四五）の時代になると「邪馬壱国」は消滅し、日本は大和朝廷の時代になっていた。その時代、シナを訪れた日本人は「ヤマト国の使い」と発音したのではないか。そこで范曄は発音を近づけるため、「壱」を「臺＝台」と書換え、後漢書倭伝は「邪馬臺国」とした可能性は否定できない。興亡激しきシナからすれば、「邪馬壱国」が「邪馬臺国」に変わっても何の不思議もないからだ。

彼らの理解は、「邪馬壱国」→「邪馬臺国」→「倭国《やまと》」→「日本国」なる認識だった。その後、旧唐書に至って「倭国・日本国」の併用となり、以後、「日本・日本国」で統一された。従って、魏志倭人伝の「邪馬壱国」を勝手に「邪馬台国」と読み替えてはならない。

邪馬壱国連合が瓦解した後、シナと通じた大和朝廷が「倭《わ》」を受け入れず、「日本」に変更を求めたのは当然だった。『旧唐書』日本（巻一九九）を読めばこのことが分かる。

「日本国は倭国の別種なり。その国は日当たるあるをもって、故に日本を以て名をなす。
或いは曰く、倭国は自らその名の正しからざるをにくみ、改めて日本となすと。
或いは云う、日本は旧《もと》小国倭国の地を併《あわす》と」

これは「大和朝廷の使者が、理由を添えて、国の呼称を倭国から日本国に変えるように申し出た」説明文である。意訳すれば次のようになろう。

「日本国は、嘗ての倭国とは異なる習俗を持つ国である。その国は〝日出る国、故に日本という名を用いている〟。或いは〝倭国は今の我々の国の正しい呼称ではないので不適当であり、改めて日本国とした〟という。また〝日本は北部九州の旧小国・倭国の地を併合した〟という」

邪馬壱国が大和朝廷になったのなら、「日本は旧小国倭国の地を併す」とは言わない。この説はこの一文で否定されたことになる。また『旧唐書』倭国には、「倭国は古《いにしえ》の倭の奴国なり」とあるから、この時代もシナ人は北部九州の博多辺りを倭国と呼んでいたことが分かる。

では何故、旧唐書は「日本国は倭国の別種なり」としたのか。

それは、魏志倭人伝の時代、シナ人が接した倭人男子は「皆黥面文身す」だったが、その後、彼らが接した大和の人々や大和朝廷の使いは、同じ言語を用いていたのに、この習俗が見られなかったからに違いない。

## 考古資料が明かす「黥面文身」

実は、倭人伝にある「黥面文身」を裏付ける考古資料が出土していた。この習俗の研究者、設楽博己氏は次のように切出した。

「倭人伝における倭人の習俗については、実際のことを記しているのか、疑問がもたれるとする意見もある。倭人にイレズミはなかったのだろうか。同時代の考古資料で、このことを確かめていきたい」(77)（『三国志が見た倭人たち』山川出版社）

そして氏は黥面の由来から調べ始めた。するとこの伝統は縄文時代にまで遡るという。

「黥面土偶は縄文晩期の中頃、紀元前五～六世紀頃に関東地方で生まれたもので、その顔面線刻表現は縄文中期の土偶にまで遡る。このようにして、弥生後期の黥面絵画（顔にイレズミをした絵　引用者注）の起源は縄文時代にあったことが確かめられた」(84)（前掲書）

前五世紀から前二世紀頃、黥面土偶や黥面土偶型容器の分布は、東北南部から関東、中部、更に近畿の琵琶湖を中心とするエリア、大阪湾に面する四国の一部にも見られるが、この時代の入墨習慣は全国に拡がっていたわけではない。奈良県南部から和歌山県一帯、四国の大部分、中国や九州はこの範囲の外にあった（図—10の実戦内）。

時代が下り、弥生時代になると様相が変わってくる。

「弥生時代のイレズミの習俗はどこに起源が求められるのだろうか。倭人伝の南方的な習俗の記述から、弥生時代のイレズミは中国江南地方から伝搬したものだという意見がある。当時、江南地方の非漢人は、イレズミをしていたと云う記述が『史記』の越世家《えっせいけ》や『後漢書』の西南夷伝に見られるからである」（83）（前掲書）

学習院大学の諏訪春雄教授は、揚子江下流域の江南地方の馬橋文化（四千年〜二千七百年前）の時代、ここから「大量の縄文土器が出土している」と次のように書き記していた。

「直接手に取ってこの土器を見せてもらったが、私の目では、日本の縄文土器と区別がつかない程良く似ている。日本の縄文土器は、馬橋文化の出土品より古く遡るが、日本の縄文時代と江南文化との交流は興味深い研究課題である」（161）（『日本人はるかな旅４』ＮＨＫ出版）

縄文時代の人たちはこの地にも進出し、入墨の風習を取入れた可能性もある。だが、春秋戦国時代の終焉、シナ南部の呉や越が滅ぼされ、彼らの一部が日本に逃れ来て、この習俗を伝えた可能性も否定できない。弥生時代、入墨習俗は日本各地に拡大していたからである。

## この時代・畿内の入墨習俗は消えていた

次いで弥生時代になると、黥面文身習俗を持つ地域と無縁な地域に分かれてくる。弥生前期から後期前葉（前三世紀〜一世紀頃）の大阪の亀井遺跡、香川の鴨部川田遺跡、島根の加茂岩倉遺跡、山口の綾羅木郷遺跡、福岡の上鑵子《じょうかんす》遺跡、熊本の秋永遺跡などから、黥面絵画が出土し、この時代、これらの地方には入墨習慣があったと考えられる（図―10の白丸）。

その上で、氏は福岡の上鑵子遺跡に注目した。

「定型化した黥面絵画の直前の資料が福岡県にある。前原市の上鑵子遺跡から出土した、はがき大の板には人物の上半身が描かれ、その顔に刻線があった。

弥生後期前半、一〜二世紀のものである。その線刻は眉の下から目頭を通って頬に引かれた向かい合う弧線である。口の下にも縦横の線が引かれている。眉の下の線が額の方に来て、多条になれば三世紀の黥面絵画と変わりがない」（83）（『三国志が見た倭人たち』

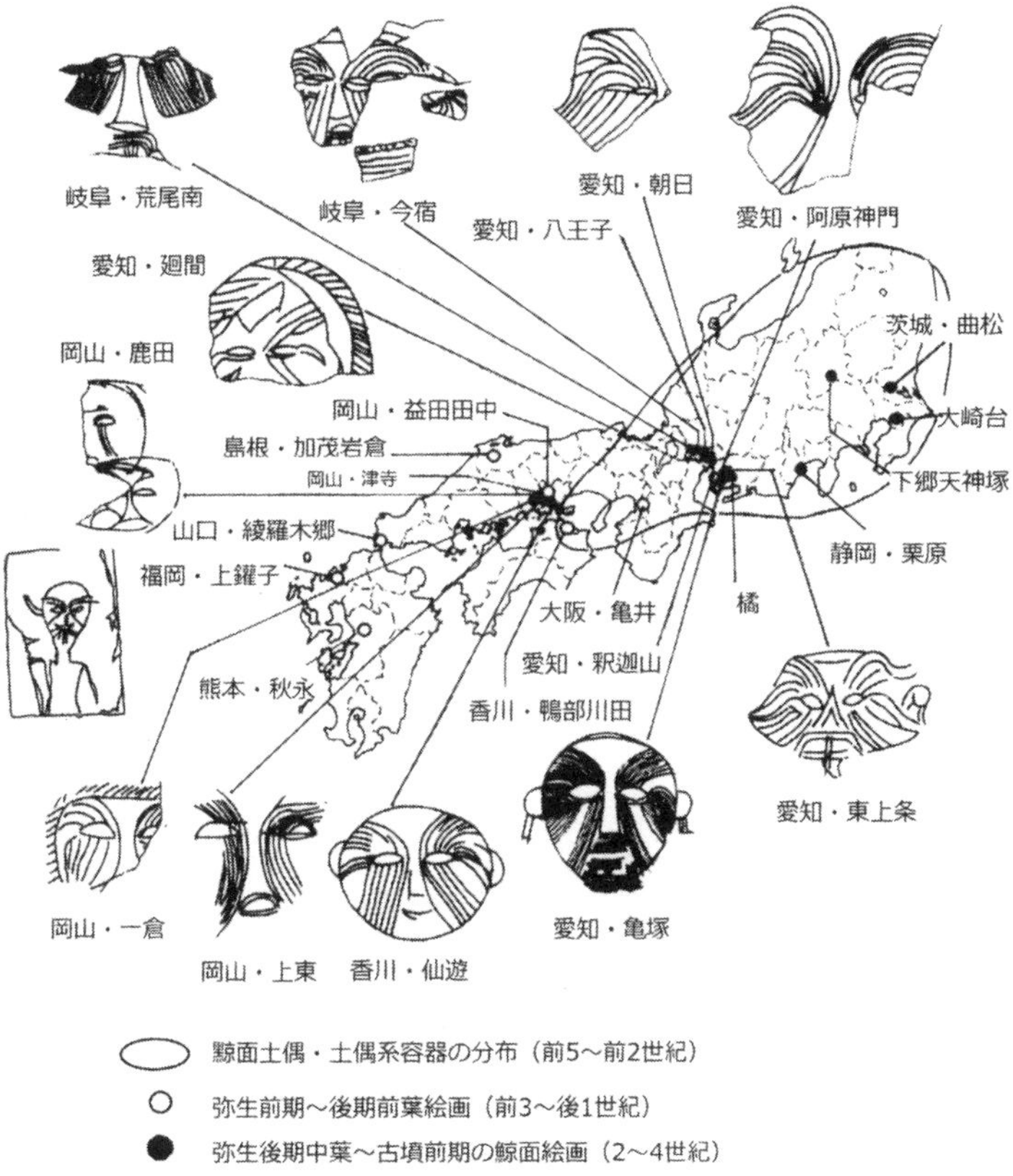


図ー 10　黥面絵画・土偶の分布と年代
（『三国志が見た倭人たち』P77 を加筆修正）

同様の絵が佐賀県川寄吉原遺跡からも出土した。黥面習慣がなければ黥面絵画を描きようがないから、この頃には佐賀県辺りまで黥面習慣が定着していたと考えられる。

後漢書倭伝や魏志倭人伝なども「倭人男子は皆黥面文身す」と書いているから、紀元前後から三世紀頃まで、朝鮮半島南部、壱岐・対馬、北部九州、或いは九州周辺の島々には、この風習があったに違いない。

弥生後期中葉〜古墳前期中葉、二〜四世紀になると、愛知、岐阜、岡山を中心に多くの黥面絵画が発掘されるようになるが、その地域は限られてきたという（図―10の黒丸）。

「この絵画がどの様に分布するかというと、非常に特徴的である。岡山県の平野部と瀬戸内海をはさんだ香川県の海岸部、それと愛知県と岐阜県の境目辺りと安城市付近の濃尾平野に集中する。その間の近畿地方からは一つも出ていない。あとは静岡、千葉、群馬、茨城から点々と出土する」（78）（前掲書）

注目すべきは、二〜四世紀、日本には黥面文身習俗を持つ地域と持たない地域があり、この習俗を持つ国々がシナと通じていたことを後漢書倭伝や魏志倭人伝が書き記していたことである。そしてこの時代、近畿地方の黥面習慣が消えて行ったのは、この習俗とは無縁だった大和朝廷の影響力が、畿内全域に拡大して行ったことを暗示していたと筆者は見る。

## 日本書紀は入墨をどう捉えたか

シナ正史の「黥面文身」記述は、「南方と勘違いしているのではないか」との意見もある。習俗はやがて消滅し、分からなくなるからである。

筆者が小学生の頃、アイヌが学校にやって来て彼らの習俗を紹介していた。その中で「アイヌの既婚女性は上唇に入墨をする」と説明し、そのような女性が壇上にいたことを覚えている。だが今日、自称アイヌの既婚女性でこの伝統を守っている人はどれ程いるのだろうか。

実は、日本書紀には黥面を彷彿とさせる記述が遺されていた。

最も古いのが「神代下」の海彦、山彦の争いである。海彦が弟の山彦の徳を知り、自ら罪に服する仕草の一つとして、「赤土を手のひらに塗り、顔に塗り、弟に言うのに、私はこの通り身を汚した、永久にあなたのための俳優《わざおぎ》になろう」という下りである。彼らには、このような行為を「身を汚した」とする価値観があったことを表している。

また、「ヤマトの地に黥面習慣はなかった」ことを裏付ける説話が、古事記に書き遺されていた。神武天皇がヤマトの地で后を撰ぼうとしたときの会話がそれである。

「そこで大久米命が、天皇のお言葉をその伊須気余理比売《いすけよりひめ》に告げ明かしたとき、ヒメは大久米命の入墨をした鋭い目を見て、不思議に思って歌っていうには（中略）どうして目尻に入墨をして、鋭い目をしているのですか」

この記述は、大和の地で生まれ育った彼女は、顔に入墨をする人を見たことがなかったことを表している。大久米命のみが特筆されていたから、神武天皇に入墨はなかったに違いない。

時代が降り、大和朝廷が各地を平定したであろう五～六世紀、古墳時代中～後期になると、大和においても線刻を加えた人物埴輪が出土する（図―11）。

図－11　黥面土埴輪・奈良県橿原市四条古墳出土（『図説日本の古代』第1巻、中央公論社）

「まったく線刻人面絵画がなかった近畿地方にも、五世紀後半以降、顔に線刻のある埴輪が登場する」（79）（『三国志が見た倭人たち』）

他の人物埴輪から類推すると、この時代の入墨は、①馬曳き　②武人　③力士　④男性に限られる、⑤冠をかぶる支配層は見当たらない。そして氏は、これらの線刻がイレズミであると断定した。それは『記紀』に入墨の話が記されていたからだ。

日本書紀は、第十二代、景行天皇の条に、「蝦夷《えみし》が入墨をしていた」とある。

第十七代、履中天皇の条に、「謀反により天皇を殺害しようとした者が死刑を免れ、恩恵で入れ墨の刑に処せられた」、「馬飼いが入れ墨をしていた」とある。

第二十一代、雄略天皇の条には、「鳥官が誤って鳥を犬に食われた。天皇は怒って鳥官の顔に入れ墨をして降格させた」とある。

古事記は、第二十代・安康天皇の条に、「猪を飼っている者が顔に入墨をしていた」とある。

これらを総合すると、ヤマトでは弥生時代に見られなかった入墨習慣が、五〜六世紀の古墳時代になると顕在化してくる。しかし、それらは支配層や一般の人々の習慣ではなく、決して肯定的に捉えられた話でもなかった。

## 「黥面文身」が否定する「邪馬台国畿内説」

この本の表題が『三国志が見た倭人たち』であることから、卑弥呼の時代の黥面文身について設楽氏は次のように締めくくった。

「弥生時代の近畿地方に黥面絵画が見られたのは中期後葉までであった。後期には瀬戸内、

伊勢湾地方などで黥面絵画が発達するがそれに挟まれた近畿地方では一切なくなる」(90)

特に奈良盆地からは、弥生時代を通して一切見られなかった。この地が黥面文身とは無縁だったというのも、彼らは海に潜ることはなく、裸体を人目に曝さなかったのだから当然であろう。

そして氏は次のように結んだ。

「黥面絵画の奇妙な分布には、もはや黥面を古い習俗と見做し、寧ろそれを積極的に政治の道具として利用していこうという弥生後期の近畿勢力の政治的な立場が反映しているのではないだろうか。それが記紀における、どこか差別的なニュアンスの記述に繋がって行くのであろう。古墳時代に再び近畿地方で見られるようになる黥面は、支配者自らの習俗ではなく、番上したり連れてこられたりした異民族の習俗だったのだろう」(90)(前掲書)

これは理解できる。だが次の一文は理解不能だった。

「こうした黥面の歴史をもってすれば、三世紀の黥面絵画の分布の偏りは、邪馬台国を近畿地方に置き、その東西に狗奴国と投馬国を置いて考えたときに、初めて意味を持ってくるのである」(90)(前掲書)

これはおかしい。魏志倭人伝は、「女王国の南に狗奴国あり」、「南、投馬国に至る」と記しており〝東西〟ではない。根拠を示すことなく勝手に方位を変えてはいけない。更に問題なのは、氏は自らの論理破綻に気付かなかったことだ。

①氏は魏志倭人伝に「倭人男子は大小となく皆黥面文身す」とあることを知っていた。

②上鑵子遺跡に注目し、定型化した黥面絵画の直前の一～二世紀の資料であるとし、この辺りは黥面習俗の発生の地であることを認めていた。

③そして邪馬台国と重なる二～四世紀、「近畿地方からは黥面絵画が一つも出ていない」ことを考古資料で裏付け、古来よりヤマトには黥面文身習俗はなかったことを論証した。

然るに「邪馬台国を近畿地方に置き」なら、①からヤマトの男たち全員が顔や体に入墨をしていたことになる。だがこの話は氏自らの研究結果、③により否定され、成立しない。話は逆であり、邪馬台国を北部九州に置いたとき、②、③との整合性が保たれ、且つ、①により裏付けられ、成立する。これは誰にでも分かる単純な話なのである。

ご覧の通り、今まで古代史界で等閑視されてきた「倭人男子は皆黥面文身す」なる一文は、邪馬台国の位置を特定し、大和朝廷の故地を確認する上で不可欠な要素として浮上した。

そして考古資料と『記紀』及びシナ正史で裏付けられた動かし難いこの事実が、「邪馬台国大和説」や「北部九州の邪馬台国などが東遷して大和朝廷になった」なる説を打砕くことになったのである。

# 第三章　「大阪平野の発達史」と「黥面文身」で洗う

## 戦後検閲・教職追放と転向者の「害毒」

「皇国史観」とは、皇族の血生臭い争いに目を瞑り、ことさら美化に努めてきたことは確かである。これは褒められた話ではなかったが、戦後、私たちに与えられた「歴史」に比べればマシだった。何故なら、それは「歴史の仮面をかぶったプロパガンダ」だったからである。

確かに、ポツダム宣言や新憲法は「検閲」を禁止していたが、米国の前には紙くず同然だった。その傀儡となった日本政府とその協力業者は、国民の目を誤魔化し、命ぜられるままに「検閲」を行い、そこに多くの識者が群がった。同じ穴のムジナとなった彼らは、米国の違憲行為の下僕となって付き従い、反論も公表も出来ない木偶になっていたのである。

米国は粛清の代わりに公職追放を行った。傀儡日本政府はその指令に従い、政界、官界、学界、実業界、言論界などの二〇万人を越える人々を「戦争協力者」として追放したが、この追放は教育界にまで及んだ。

彼らは教育の破壊と日本人の愚民化に全力を注ぎ、昭和二十二年に施行された「教職員の除去、就職禁止及復職等に関する政令」（政令第六十二号）、所謂「教職追放令」は、次のような主旨であり、昭和二十七年四月二十七日まで教育界を拘束していたのである。

第一条　この政令は昭和二十年十月の占領軍の指令に基づく。

第二条　対象は公立、私立を問わず、全ての大学、高校、中学、小学校の教師及び職員、教育関係役人、教育委員、教科書出版社に及ぶ。
第三条　戦前の皇国史観の持ち主や戦争協力者、米国の占領政策（国民を欺き行われた「違憲検閲」の基準三〇項目・『新文系ウソ社会の研究』24）に反対するものは解雇す。教職不適格者は新たに職に就くことを禁ず。
第四条　教職不適格者の指定は文部大臣又は都道府県知事が審査委員会を設けて行う。
第五条　恩給取得者は教職不適格者と認定されて時点で直ちに受給資格を失う。
第六条　甘い判断は許さない。審査委員会の調査票を上部機関で再チェックす。
第七条　教職不適格者は退職時の勤務先への出入りを禁ず。
第八条　違反者は三年以下の懲役若しくは禁固、または一万五千円以下の罰金に処す。

初年度の審査により、約五千名が教職不適格者として追放されたが、その前に約十一万六千名の教育関係者が職場を去っていた。こうして一流の文系研究者や教育者は教育界から姿を消し、その後も大学から小学校まで思想調査され、密告も行われるに及び、彼らは自己防衛のため、反日左翼に変質して行った。その受け皿となったのが日教組である。

彼らは、戦前の日本を〝悪〟とする〝反日〟で米国と中ソに平伏し、来るべき共産革命の暁に起こるであろう粛清から身を守るため〝左翼〟に転向した。そして「教職追放」によって生じた空席を、戦前に追放されたマルキスト、戦後転向者、教職適格者なる米国の犬、反日左翼なる中ソの犬が埋めていった。

東大総長になった南原繁や矢内原忠雄、法政大学総長の大内兵衛、京大総長の滝川幸辰、一橋学長の都留重人らがそれであり、彼らの仲間が吸寄せられて行ったことが容易に想像されよう。そこに「学問や研究の自由」が有るはずもなく、大学、高校、小中学校に至るまで反日左翼を生み出すインキュベーターの場と化していたのである。

「あの教授は日本書紀を正しいと教えている」などと密告され、審査委員会にかけられ、「教職不適格者」の烙印を捺されたら最後、直ちに追放、恩給の停止、法に触れれば法外な罰金と懲役、家族が路頭に迷う恐怖があったということだ。

昭和二十七年四月二十八日、わが国は晴れて主権を回復し、「教職追放令」は失効した。だが、「占領軍の指令に基づく」なる一文が隠れさされていた故か、日本国憲法は失効せず、彼らが行ってきた違憲検閲や密告も明らかにされることはなかった。そして戦前から国民を欺き続けたＮＨＫ、朝日新聞、岩波書店などは、罪状を隠したまま野に放たれた。

すると彼らはどうするか。この辺りは拙著、『新文系ウソ社会の研究』に書いておいたが、彼らは疾しい違憲行為を隠すため、「自己検閲」、「相互監視」、「密告」、「パージ」を行い、「反日左翼」の御用学者とグルになり、虚実を交え、祖国日本と自らを貶めるようになったのである。その狂った事例は山のようにある。

戦後の歴史研究者や物書きの言動は、このような環境の中で形成されてきたが、古代史や考古学も例外ではなく、この影響が今日まで続いていることを順次証明していきたい。

## 世に蔓延る「検閲済み史観」を嗤う

例えば、戦後「検閲」の時代を生延び、教職審査委員会の網にかからなかった直木孝次郎氏が、『日本神話と古代国家』（講談社学術文庫　一九九〇）で見せた、妙に捻くれ、権力を笠に着たような断言口調がこのことを彷彿とさせる。具体例を挙げてみよう。

「天皇による日本支配の正当性を説明するために書かれたものが『記・紀』だからである」「天皇の地位は神代より万世一系、切れ目なく順当に相続され、日本国家はその支配の本に平和に発展したのでなければならない。この条件に合わない言い伝えは斬り捨てられたり、条件に合うように作りかえられたりして『記・紀』が出来上がったのである」(30)

だが、日本書紀には、皇室にとって決して名誉とは云えない不道徳で血生臭い話が各所に採録されており、「武烈天皇の条」を読めば、氏の見方が誤りであることは直ちに理解されよう。

また氏は、「この操作が『古事記』序文にいう〈偽を削り、実を定む〉の実態である」(30)

というが、古事記の序文（196頁）をこのように理解する精神は常軌を逸している。他にもある。

「『記・紀』の編者が天皇の起源をできるだけ古くしようとしたのも同じ目的である。その為に、有りもしない天皇の名を作ってさし加えたり（中略）。この第一代神武天皇の物語も、天皇家起源を説明し権威づけるために作られたもので、史実とは考えられない」(31)（前掲書）

然らば、『記紀』の編著者が百歳を上回る天皇を数多く採録したのは何故か。創作なら天皇を増やし、疑いをもたれないように寿命を半分程度にしても良かったのではないか。この矛盾に気付かず、こう断言出来るのは、何かの作用により氏の頭が狂っている、即ち、一般常識とロジック回路が壊れていたからではないか。その頭で神武東征を次のように見た。

「おそらくこの東征物語は、早くから水野祐氏が指摘し、最近には岡田精司氏が詳しく論じたように、応神王朝の大和平定の史実をもとに作られたのが始まりであろう（中略）。従ってこの物語には、崇神王朝やそれ以前の大和の政権の成立、または天皇家の起源を語る史実は、一つもふくまれていない」(34)（前掲書）

読めば分かる通り、応神天皇の条には〝大和平定の話〟など載っていない。応神天皇が即位された時から大和は平定されていた。この平気でウソをつく体質が、歴史学はもとより「古代史の専門家」と称するお歴々に巣くっていることを覚えておいてほしい。

例えば笠原英彦氏は、稲荷山鉄剣銘文（252頁）も知らぬ様子で次のように記していた。

「第一代神武天皇から第十四代仲哀天皇までは実在の確認できない天皇であり、従って〈神話時代の天皇〉とした」（『歴代天皇総覧』中公新書　平成十三年）

では、実在を前提に「古代の天皇」とした応神天皇の崩御年齢、一一〇歳や一三〇歳は確認できたのか。学界の統一見解たる「定説」に従っていただけではないのか。

彼らは、分からなければ直ちに「疑い」、「デタラメだ」と斬捨て、何故、『記紀』にはかくも長命の天皇が採録されていたのか考えもしなかった。戦後の歴史学者が行うこれらの賢しらな判断には、常に怪しい影が付き纏っていたのである。

## 生物学的常識無き「讖緯《しんい》説」信者

日本書紀には歴代天皇の在位年数が載っている。それを西暦として辿っていくと、初代神武天皇の即位が紀元前六六〇年になる。では、何故この年を神武即位としたのか。その訳を直木孝次郎氏は次のように記した。

「日本書紀によって計算すると、神武天皇即位の年は、辛酉《かのととり》の年、推古九年（六〇一）から一二六〇年前の辛酉の年（紀元前六六〇年）にあたる。これは聖徳太子かその周辺の知識人が讖緯説に基づいて決めたのであろう、というのが明治時代に那珂通世《なかみちよ》らが論じて以来、多くの学者が認めている解釈である」（185）（『日本神話と古代国家』）

讖緯説とは、シナの漢代以降に行われた予言を行う神秘思想であり、わが国には飛鳥時代に伝わったとされる。辛酉の年に世に異変が起き、特に干支の二十一番目の辛酉年には王朝が覆されるような大革命が起きるとされた。だがこの見方には四つの矛盾が存在し、その全てに合理的回答を与えられなければこの説は成り立たない。

①日本書紀の編者は、何故、革命や政権転覆も起きなかった推古九年を讖緯年としたか。
②直木氏ら古代史の専門家から「実在しない」とされる神武天皇から開化天皇までを、讖緯説を適用する場合に限り「実在した」としなければ讖緯説は成立しない。
③日本書紀の編者が、「百歳を上回る天皇長寿を事実としながら、讖緯説を使って神武東征年代を決めた」と信じているなら、直木氏らは生物学的常識が欠落している。
④そこで、天皇の長寿は、三六五日を二年とした「春秋年なのだ」とした途端、推古九年から神武即位までの年数は一二六〇年以下となり、讖緯説は成り立たない。

ご覧の通り、讖緯説とは、「何ごともなかった推古九年から数え、自ら否定した歴代天皇の実在を信じ、日本書紀の年紀を西暦と誤認し、歴代天皇の異常な長寿を肯定した上で成立つ」説だった。この自己矛盾と論理破綻に気付かない頭を、「一般常識とロジック回路が壊れている」と言わせて頂いた次第である。

## 歴史学界に潜む「検閲」と「タブー」

多くの人は、戦後の歴史学者の話に疑問を持っていたのではないか。そこに戦後の「検閲」、「タブー」、「教職追放令」が影響していることを指摘したが、この推論を裏付けるかの如く、森浩一氏は「魏志倭人伝の時代を無文字時代」という人々を次のように見ていた。

「今日なおそのような先入観にとらわれている研究者が少なくないことは、太平洋戦争での敗戦という事態が日本人に与えた劣等感によっていると見ている。ぼくの体験から得た印象では、このような劣等感のとりこになった人が史料や考古学資料に対峙するとき、率直な解釈を導き出すことは難しく、屈折した見方による屁理屈ともいうべき考えかたになりがちである。それが学術論文の体裁をとって発表されると誤魔化されてしまう人もいる」（13）（『倭人伝を読みなおす』）

「劣等感」を「検閲」と「教職追放」に読変えれば良く分かる。氏は、歴史学界には「タブー」が存り、誰もが「闇の検閲官」を恐れていた実態をも明らかにした。

「戦後の歴史学界には、神武東遷には一切触れないと云う暗黙の了解があった」(142)「学界の主流としては九州島からの文化の東進に言及するだけでも、〈神武東遷の亡霊〉などと蔑視され続けた現状のあったなかで、神武東遷については、どうしても考古学資料の語るものとしていうべきことだ、と考えた」(143)(『古代史おさらい帳』)

「神武東征は事実だ」などと言ったら、「闇の検閲官」からパージされ、研究室から追放され、原稿は出版社が受け付けず、論文は没になり、職と食を失いかねない恐怖があったということだ。この硬直した「検閲済み」の頭からは、まともな古代史研究など出てくるはずがない。氏の話と直木孝次郎氏の見方を総合すると、戦後、古代史を生業としてきた歴史学者、考古学者、祭祀学者、司馬遼太郎から山本七平まで、彼らは次なる「暗黙の了解」、即ち「古代史検閲基準」に拘束されていた疑いが濃厚となる。

①『記紀』は、「天皇が日本を統治する謂われを書いた偽書」として否定する。国民が日本書紀から目を背けるよう仕向ける。

②神武天皇の存在やその東征を否定する。その様なことが『記紀』に書かれていることを国民に知らせない。触れる場合は否定する。

③神武天皇以降、開化天皇までの存在は否定する。第十代崇神天皇から神功皇后までは否定的に、十五代応神天皇からは認めてもよい。但し、応神以降も『記紀』の記述を疑い、皇室の連続性は否定する。

④『記紀』やシナの倭人伝を、「ここが間違っている」、「ここは不都合だから読み飛ばす」、「本当はこうだと改変」し、新たな物語を創作することは結構なことである。

⑤『三国志』の韓の条や『三国史記』の記す韓国・朝鮮の古代史にも国民の目を向けさせてはならない。本当の日朝関係が分かってしまうからである。

⑥戦後生まれた古代史界の諸説は、パージから逃れるための方便であり、「学者を筆頭に戦後検閲に平伏し、言われるままに改竄してきた」ことを国民に知らせてはならない。

これらの仮説を頭の片隅に置き、戦後の古代史学界や物書きがどんなことを言って来たのか、「大阪平野の発達史」と「黥面文身」から彼らの「神武東征と邪馬台国」論を見直し、この六つの仮説の「真偽」も合せ明らかにしておきたい。

## 「教職適格者」たる井上光貞氏の不明

大正六年（一九一七）生まれの氏は、昭和二十三年「教員適格判定審査」に晴れて合格、占領政策協力者として公認された。こうして教壇に立つことが出来た氏は、やがて東大教授となり『日本の歴史1神話から歴史へ』（中央公論社一九六五）に於いて神武東征否定の考えを披歴した。

「邪馬台国九州説をより妥当と見なしているわたくしにとっては、中山氏の奴国東遷論に従いたい（中略）。こう見ると最も自然なのは、邪馬台国東遷なのである」（261）

「邪馬台国東遷」なら、卑弥呼の後継者・壱与がシナに最後の使いを出した二六六年以降となろう。だがそれは「河内湖Iの時代」であり、神武東征のあの描写はあり得ない。この一事で氏の仮説は破綻したことになる。

また、崇神崩御を三一八年とするなら、二六六年以降、約五十年間に神武から崇神まで十代の践祚《せんそ》となるが、日本書紀を読む限り一代の平均在位五年は短すぎる。この現実に接し、普通の人なら「自分の考えはおかしいのでは？」と自らを疑うのだが、彼は「自分は正しい、『記紀』がおかしい」と自惚れ、神武から開化までの天皇を否定した。

次いで氏は、「男子は大小となく皆黥面文身す」を次のように解釈した。

「日本は南方の国だという固定観念が強かったとすると、筆者がそれによって、日本の状態を南方的と書き整えたおそれがある。日本人は皆黥面文身などと、誰もが入れ墨をしていたかのように書いていることなどは、そのためと思われる」(212)

氏は通説に従い、「倭人＝日本人」と理解し、「日本人に入墨習慣は無かった」と信じていた。仮に、魏志倭人伝を「正」とした上で「邪馬台国東遷」では、崇神天皇を始め東征した全ての男子が入墨をしていたことになる。そこで、自説に不都合な「黥面文身」はシナ人の誤認とし、「シナ正史が間違っている」とした。

次に、神武東征についての考えを披歴したが、その論旨は揺れていた。

「神武伝承はあくまでも日本神話の一部であって、史実の外のものであると思う。北九州勢力の東遷が事実であっても、だから神武伝承はこれを核として創られたとは言い難い。だが考古学上の事実から見て、弥生後期に北九州の政治勢力が東に移動して畿内に勢力を構えた可能性は極めて濃厚である。天皇家をはじめ大和朝廷の豪族の中には、大和の土着ではなくて、こうして移ってきた人々が多かったのではあるまいか」(266)

日本書紀は、『巻第一　神代上』、『巻第二　神代下』、次いで『巻第三　神日本磐余彦天皇

神武天皇』へと移って行く。奈良時代の歴史家は、神武東征は伝承された歴史的事実を現していると判断していた。しかし氏は、闇の検閲官を恐れ、屈し、「思う」、「言い難い」、「濃厚である」、「あるまいか」なる推量を連ね、日本書紀の核心、神武東征を史実外とした。

つまり氏の歴史観とは、日本とシナの正史を素直に読まず、適当に改竄するという「偽」により成り立っていた。そして「改竄」と「偽」が戦後の歴史学界の作法となって行くのである。

## 一般常識の欠落した直木孝次郎氏の闇

大正八年（一九一九）に生まれ、「戦後検閲」と「教員パージ」を逃れた氏は、『日本の歴史　第一巻　倭国の誕生』（小学館　一九七三）で自らの考えを披歴した。

「卑弥呼を王とする邪馬台国は、畿内、おそらく奈良盆地に存在し、畿内とその周辺および四国と九州の一部を支配下に入れていたが、連合国家としては未熟・不安定であり、権力的な国家の一歩前の段階にあったと考えるのである」（338）

「私の推測を言うならば、畿内地方では、卑弥呼・壱与と続いた邪馬台国に代わって、初期の大和朝廷が成立してくるのではないかと、と考える」（346）

「初期大和政権が、古事記、日本書紀にみえる崇神・垂仁朝にあたると私は考えている」（347）

氏の「考える」とは、内外の正史を無視し、論理的根拠を示すことなく決めつけることを意味する。そして「男子は大小となく皆黥面文身す」(322)に触れながら読み飛ばした。これを認めれば、崇神天皇はじめ、ヤマトの男子は「誰もが顔や体に入墨をしていた」ことになるからだ。即ち、氏の古代史観も「改竄」により成立っていた。

「邪馬台国」の後に「大和朝廷の成立」を考える基本構造は井上光貞氏と同じであり、邪馬台国畿内説や東遷説なら、崇神以前の天皇は否定せざるを得ない。

井上氏は、歴代天皇に触れつつその存在を否定したが、この書の索引に載っているのは崇神天皇まで。それ以前の天皇諡号は見当たらなかった。そこで氏の考えを知るため、『日本神話と古代国家』を開いてみると、次なる一文が目にとまった。

「神武天皇の即位の年は、日本書紀に依れば、西暦紀元前六六〇年であるが、それが誤りであることは明白である」(160)

氏の年代観、「皇紀＝西暦」には思わず笑ってしまった。「奈良時代の人々が西暦を知っていた」はあり得ないからだ。日本書紀は「辛酉《かのととり》の年春一月一日、天皇は橿原宮にご即位になった」と記すのみである。まだある。

「神武天皇が実在の人物でないことは、今日学界の常識であるというより、国民の常識といってよいだろう。それは戦前から積み上げられていた科学的な歴史研究の当然の結果であるが、同時に戦後における正しい歴史教育の成果の一つといってよい」（165）

その証拠として、日本書紀の「神代下」を指し、「神武の祖母はワニザメだった」とあるから「ワニザメの子、神武はあり得ない」には唖然とした。「神武天皇を否定しながら、神代の記述を信じる」という倒錯に気付かなかったからである。

また氏は、「個々の研究については、『神代史の研究』以来、津田の業績に最も多くの恩恵を得ている」（4）としたが、津田は歴代天皇の実在を信じていた。

「要するに、この時代の帝記の記載には信じがたいことが多い。しかしこれらは皇族や后妃などに関することであるが、天皇についてはどうであろうか。これが第二の問題である。ところで天皇については記紀の記載が皆一致してゐるから、この点からは問題が起こらない。そうしてまた、天皇について語られている物語が歴史的事実でないと云うことは、必ずしも天皇の存在が否定せられるべきことを示すものではない（中略）。だから綏靖天皇から開化天皇までの歴代の物語が一つもないということは、その歴代の天皇の存在を疑うべき少なくとも強い根拠にはなりかねる」（『日本古典の研究　上』岩波書店）

皇国史観を奉じてきた家永三郎などが、戦後になると一転ＧＨＱに阿《おもね》り、尾を振り、保身のために次々と転向して行った時代、津田は岩波の雑誌『世界』に『建国の事情と万世一系の思想』なる論文を発表、論壇の主流、皇室廃止論に真っ向から反対した。

「二千年の歴史を国民と共にせられた皇室を、現代の国家、現代の国民生活に適応する地位に置き、それを美しく、それを安泰にし、そうしてその永久性を確実にするのは国民の愛の力である。国民は皇室を愛する」（昭和二十一年四月）

津田は身の危険も顧みず信念を貫いたが、自称津田学徒の直木氏の著作からは、「皇室尊崇と敬愛」の精神を読み取ることは出来なかった。

## ウル邪馬台国？　田中卓氏への疑念

大正十二年に生れた田中卓氏の考えを知るため、百五十回に及ぶ連続セミナーの最終講義録、『日本建国史』（国民会館叢書五十　平成十五年）を開いてみた。

「昭和二十年の敗戦以来、私どもの祖国日本の建国の事情について、百家争鳴、古代史学界では混迷を極め、歴史教科書もすべて曖昧な記述をしています（中略）。

人生における最大の不幸は、自らの出生を明らかにし得ない場合でありましょうが、国家に於いても同様で、祖国が、何時、どの様にして建設されたのか、皆目見当もつかないということでは、国民にとってまことに恥ずかしく、痛恨の極みであります。もとより建国以来二千年以上も遡る日本書紀や古事記、その他の古典が現存し、それらによって神武天皇の前史を含む建国史の大筋を、学問的に、合理的に証明しうるとするのが私の年来の主張であり、特色であります」（2）

これは期待できると思ったが、その結論とは意外なものだった。

「北九州に現れた、先ず天のホヒの命（後の出雲氏・畿内へ東遷）、次いでニギハヤヒの命（後の物部・尾張氏・畿内へ東遷）、最後に現れた皇室の祖先（神武天皇の東遷）、この三政権をまとめて〈ウル邪馬台国〉と呼ばれるクニの基があった」

「最後に東遷（一世紀前後）した神武天皇により、畿内において大和朝廷が成立し、今日に至っており、北九州ではその後、卑弥呼の邪馬台国が成立した」

氏は主に日本文献を研究されたようだが、魏志倭人伝を知らなかった訳ではあるまい。後漢や魏の時代、北部九州の〈ウル邪馬台国〉から神武東征が起きたのなら、彼らはシナ正史のいう倭人であり、倭人なら神武天皇および三人の兄を筆頭に、「皆黥面文身していた」ことになる。だが、皇室にそのような習俗があったとは聞かないし、大和の地からはそのような考古資料も得られていない。「大阪平野の発達史」を持出すまでもなく、氏の見方にはムリがある。

何より、「日本書紀や古事記が現存し」と指摘し、そこに「神武東征の出立地は日向」と書いてあるのに、何故「北九州」としたのか分からない。皇學館大学学長まで登りつめた方にも、闇の力が及んでいたのではないか、と疑いたくなる一幕だった。

## 日食と神話・原秀三郎氏の思い付き

序に『日本古代国家の起源と邪馬台国』（原秀三郎　国民会館叢書五十一　平成十六年）を読んでみた。そこで氏は、崇神天皇の崩御年について次のように記していた。

「明治から大正にかけては、二五八年説が有力だったのですが、敗戦以後、最近になりますと三一八年説となります。だけど決定的な証拠があるわけではない。大凡そうだろうということで（中略）。この問題に大きな貢献をしたのが田中卓説であります」（24）

田中卓氏は『住吉大社神代記』と古事記の崩御年干支を基に、崇神天皇の崩御を二五八年と想定したとのこと。戦後は邪馬台国東遷説が多くなり、崇神崩御が二五八年では不都合なので、適当に六〇年ずらして三一八年としたことが分かった。
だが、春秋年の時代、干支から実年を推定するのは所詮無理な話だった。次いで、話題は「天《あめ》の石屋戸《いわやど》」に及んだ。原氏が「これは動かし難い事実だ」と確信したのは、荒木俊馬氏（元京都帝大教授）が書いた日食の研究だった。

「氏は、昭和十六年に〈日本古代の天文歴術〉という論文を書き、その後昭和二十八年に『天文年代学講話』という本の中で、事実とまではいえないが天文年代学という学問から日本神話を見ると、こういうことが言えるという話しを載せている。それが天の石屋戸の話しなのです。天の石屋戸の話しを見ますと、明らかに日食が背景となっている。天照大神が天の石屋戸に隠れると、世の中が真暗くなった。（中略）それであの頃は神武東征以前ですから、天孫族は南九州にいたと仮定して、南九州で日食の起きたのは何時のことかを調べた」(58)

荒木氏は、「紀元前一九八年八月七日に南九州で皆既日食が起きた」としたことから、この年代を天照大神の年代とした。また原氏は、天照大神の五代後が神武天皇であり、一世代三十年として一五〇年後の紀元前四十八年を神武天皇の生まれた頃とした。だが、神代の一世代＝三十年は何の根拠もない空想である。

「これは田中先生も言っていたと思うのですが、大体神武東征というのは西暦紀元元年前後ということになる。そうすると神武天皇の生まれた時期というのは（中略）大体、紀元前一世紀の中頃と考えられる」（59）

そうではない。田中氏の東征年代とは「一世紀前後」という幅広いものだった。また氏の想定した出立地は北九州だったし、日食を意識していない。

古事記には「常夜《とこやみ》往き（永遠の暗闇が続いた）」、「万《よろず》の妖《わざわい》悉《ことごと》に発《おこ》りき（あらゆる禍が一斉に起きた）」とあり、困った神々は、天照大神に「天の石屋戸」から出て頂く対策として、先ず山の砂鉄を採り、鉄《まがね》を造ることから始めたとある。この作業も到底一日では終わらない。

日食は一日の限られた時間の出来事。数時間後には太陽が地上を照らすから、日食と「天の石屋戸」を結び付けるには無理がある。

## 寄らば大樹の陰・井沢元彦氏の平凡

こんな話がどこかにあったと思った。井沢氏の『逆説の日本史　1古代黎明編』（小学館文庫一九九三）がそれだった。

「邪馬台国と大和朝廷は同じものか、それとも全然別個のものか、これまで全く分からなかった。しかし、大和朝廷の成立における最も重要な神話が、三世紀の邪馬台国で実際に起こった事件（皆既日食　引用者注）を題材にしているのだとすると−答は一つしかない。邪馬台国は大和朝廷の源流であり、アマテラスのモデルはヒミコということになる」（274）「ヒミコは太陽神アマテラスのモデルであり、紀元二四八年九月に起こった皆既日食のため権威を失墜し、民衆に殺された」（275）

この話には論理が見当たらない。更に、同じ日食を用いたのに、原氏との年代は四五〇年（198+248＝446）もずれていた。その上で邪馬台国の位置を次のように想定した。

「私は、邪馬台国東遷説をとる。九州にあった邪馬台国が東へ移動し、近畿の地方政権（水野祐氏の言う原大和国家）を倒して、大和朝廷になったと考えるのである。邪馬台国東遷説を初めて唱えたのは、哲学者の和辻哲郎氏である。続いて前述した井上光貞氏もこれに賛成した。最近では安本美典氏、奥野正男氏もこの論者である」（347）

この説が「黥面文身」や「大阪平野の発達史」から見て、破綻していることはお分かりと思う。氏の結論は、「初代天皇は崇神天皇」という平凡な結果となったが、「戦後検閲」を受け教職追放を恐れて転向した「教職適格者」を無邪気に信用してはいけない。また肩書きや多数決で真偽が決まる訳でもない(『新文系ウソ社会の研究』243)。

井沢氏も何故か〝稲荷山鉄剣銘文〟に触れなかったが、黒岩重吾氏のように日本書紀や魏志倭人伝をしっかり読み、考古資料と突合せ、自分の頭で考え、結論を出して頂きたかった。

## 水野祐氏と奥野正男氏の夢物語

では井沢氏が紹介した水野祐氏の話を、井上光貞氏に語ってもらおう。

「三世紀より前、ツングース系の騎馬民族が九州に侵入して国を建てた。卑弥呼と戦ったと倭人伝に記されている狗奴国がそれである。この国は四世紀初めになると北九州を席巻した。これに対して大和政権は九州に軍を出したが敗北した。この敗北した王が成務天皇であり、勝利をおさめたのが応神天皇であった。応神天皇はやがて大和を襲って新王朝を開いた」(291)(『日本の歴史』)

これは根も葉もない小説。日本書紀によると、第十二代・景行天皇の第四子が第十三代・成務天皇であり、その時代は至って平和。「九州に軍を出した」記録など見当たらない。

そして成務天皇が崩御され、景行天皇の第二子である日本武尊の第二子、第十四代・仲哀天皇の御代となる。仲哀から神功皇后の時代に移り、仲哀天皇と神功皇后の間に生れた子が第

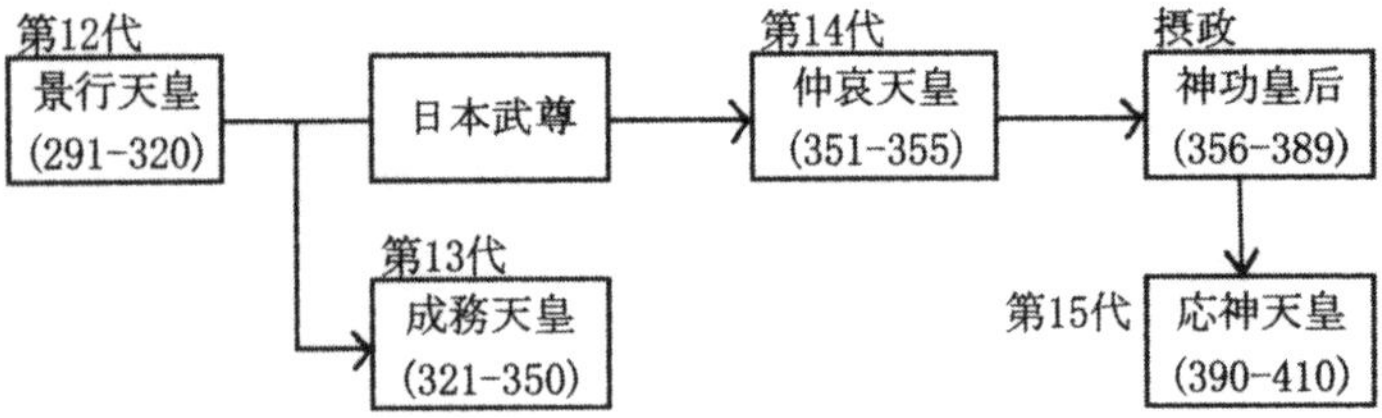


図ー12　景行天皇から応神天皇への実年代
(　) 内は在位実年を表す

十五代・応神天皇だった（図―12）。
成務天皇と応神天皇の年代差は百三十年（春秋年として実年で六十五年）離れており、成務天皇が存命中は応神天皇は生まれていなかった。従って、両天皇が戦うことなどあり得ない。考古資料や文献上の根拠も見当たらない。何を拠所に「成務天皇と応神天皇が戦った」と夢想したのか分からないが、日本書紀を読まなかったことだけは確かなようである。

次いで、奥野正男氏の、『邪馬台国は古代大和を征服した』（ジック出版局　一九九〇）を開こうと思った処、表紙に大きな文字が躍っていた。「吉野ヶ里の遺跡は、邪馬台国が戦乱に明け暮れた武装国家であることを告げた。九州の巨大勢力が古代大和を乗っ取ったとする『邪馬台国東遷説』が古代史を書きかえる！」。読むまでもなくペケだった。

## これは初耳！　関裕二氏の支離滅裂

古代物を書いている氏の『天皇家誕生の謎』（講談社　二〇〇七）を

読んでみた。根拠を示すことなく断ずる次なる説は理解を超えていた。

「ここで日本書紀の仕組んだカラクリを解体してしまおう。初代神武天皇と第十代崇神天皇の登場の順番は逆なのである。先ず崇神天皇がヤマトに君臨していて、神武天皇があとから南部九州からやって来たと云うのが、本当の歴史なのだろう。
つまり、神武と崇神は同一人物ではなく同時代人であり、出雲神の祟りに怯えた崇神が、神武を日向から呼び寄せたということになる」(191)

ではと思って、巻末の「天皇系図」を見ると、1神武 2綏靖 3安寧 4懿徳 5孝昭 6孝安 7孝霊 8孝元 9開化 10崇神…だった。何故こんな本が世に出るのか、出版社の常識も疑われる話であった。

## これも初耳! 大平裕氏の仇討譚

新聞に書評が出ていたので、『日本古代史 正解』(講談社 二〇〇九)を読んでみた。すると氏は「邪馬台国は畿内にあった」、「卑弥呼は天照大神だった」と信じていた。

「天照大神(卑弥呼)の崩後、男王が立てられたとありますが、この王こそ『古事記』『日本書紀』

の伝えるニギハヤヒ命で、ニギハヤヒとナガスネ彦による政権であったと考えられます。神武天皇がこの二人による政権簒奪を日向で聞いて東征を決意することからも、明らかに敵対勢力であることに間違いありません」(60)

そのために神武東征が起こり、ナガスネ彦を討ち滅ぼし、二五五年(頃)、台与を擁立して神武天皇即位となったとした。こうなると神武東征は仇討譚となるが、読めば分かる通り、こんな話しは『記紀』の何処にも書いていない。

また、「邪馬台国＝畿内」でヤマトが「卑弥呼＝天照大神」の皇都なら、大和は勿論、この圏内の男子は皆「黥面文身」となるが、裏づけとなる考古資料は見当たらない。古事記にある、ヒメタタライスズヒメ命が大久米命の入墨を不思議がることもない。

この書も「大阪平野の発達史」や「黥面文身」など眼中になく、「こんな手で『記紀』を貶めるやり方もあったのか」と感心させられた次第であった。

## 忠犬ポチ・天理大学古代史教室

天理大学の考古学・民俗学・宗教学などの教官と博物館の学芸員が集まり、大阪で古代史講座を開いたという。それをまとめた『ヤマト王権の成立』(学生社　一九九二)の「はしがき」で近江昌司氏は次のように述べていた。

「〈ヤマト王権の成立〉を考える上に、幸いなことに我々スタッフ全員が三輪山を指呼のうちに望む天理大学の教官・学芸員であることがあげられるでしょう。その豊かな土地勘に支えられた主題に関する情報の処理はより恵まれたものがあるといって良いでしょう」

ところが「三輪王権とは」の結論は、お近くの元興寺文化財研究所が明かした稲荷山鉄剣銘文（252頁）も知らぬ様子で、戦後定説に忠実な姿だけが際立つ結果となった。

「従って、神武天皇から九代目の開化天皇までは、大筋として実在はちょっと考えられないということになるわけです」（25）

開化天皇が架空なら崇神の親は誰なのか。奈良各地にある宮址碑は何なのか。橿原神宮を始め、神武から開化までの九代の天皇を祀った陵《みささぎ》や神社は何なのか。自分たちは、『記紀』に登場する神々を捏造し、爾来一貫してウソをつき続け、国民を騙すために古墳を造り、神社を造り、祀り、祈ってきた子孫とでも言いたいのだろうか。

「豊かな土地勘に支えられた」はずの天理大学の専門家の結論は、疑念渦巻く深刻な結果となった。近江氏は例外かと思ったら、次に登壇した竹谷俊夫氏は輪をかけていた。

「天皇は崇神天皇から始まりますが、それではなぜ、その前に九代の天皇を作り上げたのかと申しますと、天皇家または日本の尊厳性を内外に知らしめるためだと思います」(54)

こんな論を素面で語る幼稚さに驚くばかりだった。では何故「九代の天皇しか」作り上げなかったのか。崩御年齢が百歳以上の天皇が何人もいるのだから、尤もらしさと尊厳性を内外に知らしめるために、更に多くの天皇を作れば良かったではないか。

「九代の天皇の記事が全てデタラメかと申しますと、それは一概に否定できないと思います。天皇が存在していないことと記事の内容とは、分けて考えるべきだと思います」(54)

氏の思考は津田左右吉とは逆だった。津田は「古事記と日本書紀の記述が一致しているから、歴代天皇の存在は問題にならない。但し、そこに書かれた物語は違っているから、歴史的事件の記録ではなく、説話や物語を文字にした時点で変わっていったのだろう」という真っ当なものだった。

あれだけの古墳や遺跡、社に囲まれ、「豊かな土地勘」に支えられても、あの古墳や神社も架空と公言して憚らない学者たち。この愚かしい態度に、聴衆は怒り、ヤジり、退席しなかったのか。古代史の表舞台の地にあっても、戦後の「検閲基準」に忠実なポチの如き古代史学者と、洗脳された聴衆が息づいていたことを知り、驚き、呆れた次第であった。

## 実名を明かせない武光誠氏の不審

テーマに惹かれ氏の『邪馬台国と大和朝廷』（平凡社新書　二〇〇四）を読んでみた。すると、基礎となる考古学の知識からして問題山積だった。

「紀元前十世紀（それを紀元前二、三世紀とする説もある）に、水稲耕作を行う集団が大挙して朝鮮半島から日本列島に移住してきた。彼らは縄文土器と異なる薄手で赤褐色の弥生土器を用いていた」(22)

氏は、昭和五十五年を前後して、板付や菜畑遺跡の縄文土器だけが出土する地層から「水田稲作址が発見された」ことを知らなかった。朝鮮半島から来た集団が縄文土器を用いるはずもなく、朝鮮には朝鮮式無紋土器があり、弥生土器は日本の土器であることも知らなかった。

朝鮮半島の水田稲作は紀元前五〇〇年頃からであり、遺伝子研究の結果、半島から水稲が来た可能性はゼロ。「大挙して移住してきた」なる根拠も皆無。氏の考古学の知識は欠陥だらけだった。その上で、神武東征を知ってか知らずか、新たな物語を創作した。

「大和朝廷は起源二〇〇年頃に新たに纏向の広大な古代都市をおこす形でうまれた。そしてその時の朝廷の指導者であった首長は、二二〇年頃に亡くなり、纏向石塚古墳に葬られた。（中略）吉備から移住した集団が大和朝廷を開いた可能性が大きい」（248）

新手の珍説だった。では吉備から移住した首長とは大和朝廷の誰なのか。何故か、大事なことが欠落していた。次の一文から「大阪平野の発達史」も知らないことが明らかになった。

「二五〇年代に、吉備の首長のいく人かが、その配下を多数引き連れて船団をつらねて大和に移住した。それまで移住が見られなかった奈良盆地の奥の纏向に、突如として巨大な集落が出現した。彼らは大和川の支流に入り、巻向川に行き着いたのだ」（246）

二五〇年代なら「河内湖Ⅰの時代」となり、船で河内湖に入れないから巻向川に着ける筈がない。小説は続くが、架空話なのだから個人名が出せない。

「纏向を開いた首長が、最古の前方後円墳である纏向石塚古墳に葬られた。しかし、それから間もなく、巻向の集団に前後して石上に来た人々がより有力になり、巨大な西殿塚古墳を作った。そして、二八〇年ころ纏向の首長が石上の首長（物部氏）を支配下におさめた。

西殿塚古墳より更に大きい箸墓古墳は、いわばそのことを記念して作られたものであろう」(247)

日本書紀に「垂仁二年・纏向に都をつくり珠城《たまき》宮といった」とあるのを知らないのか。これでは垂仁天皇の陵が纏向石塚古墳になってしまう。では邪馬台国はどこにあったのか。

「私は、邪馬台国は筑後国山門郡ではなかったかと考える」(284)

「北九州の小国が、そのような段階にあった三世紀半ばに、より強力な権力を確立した支配者が大和に出現した。それが大和朝廷である」(291)

「そして大和朝廷の勢力圏には、古墳に代表される新たな文化が広まることになった。北九州は、四世紀はじめに古墳文化圏に組み込まれている」(292)

これは旧聞だった。氏の考古学知識は正しくなく、「大阪平野の発達史」も知らなかった。日本書紀を無視して新たな物語を創ったが、登場人物の名を隠さざるを得なかった。それを明かせば作り話が破綻するからに違いない。

## 「偽」のプロパガンダ・吉村武彦氏の俗論

氏の、『シリーズ日本古代史② ヤマト王権』（岩波新書 二〇一〇）を読んでみた。新たな知識が得られるかと思いきや、中身は古臭く怪しい代物だった。事例を紹介しよう。

「考古学的研究成果を積み重ねていくと、邪馬台国の所在地は近畿地方となってくる（中略）。それでは近畿地方のどこにあったかと云えば奈良盆地東南部の可能性が強い」（21）

「桜井市の纏向遺跡が有力な候補のひとつである」（53）

纏向が邪馬台国なら、二、三世紀の奈良の男子は「皆黥面文身す」となるから、この話はあり得ない。繰返すが、纏向は垂仁天皇の珠城《たまき》宮から始まったのだ。

魏志倭人伝の記す女王国の南の狗奴国との戦、「互いに攻撃する状況を説明した」にも触れなかった。氏の論に従えば、奈良盆地南東部の纏向の南に強国があったことになる。だが、説明不能、そんな国は見当たらない。では大和朝廷はどのようにして成立したのか。

「実際の初代天皇は、第十代の崇神天皇であり、神武の初代天皇説は『書紀』編纂時に付加された可能性が高い」（39）

「闕史八代は実在した八代の王とは認められないのである」（41）

氏も昭和五十三年（一九七八）に明らかになった稲荷山鉄剣銘文（252頁）を知らなかった。
同じ大和にあったのなら、邪馬台国と大和朝廷との関係はどうかというと、

「ヤマト王権の誕生は四世紀前半と想定されるので、三世紀半ばの邪馬台国とヤマト王権との直接的関係はないことになる」(52)

不都合な部分は欠落させ、「大阪平野の発達史」や「黥面文身」など考えたこともない様子だった。日本書紀や魏志倭人伝を素直に読まず、考古学の知見を受入れず、怪しげな出自の戦後定説に盲従する「偽」のプロパガンダがまた一つ加わっただけだった。

## 四面楚歌・安本美典氏の東征譚

ネット上に「邪馬台国の会」第二八四回講演会の記録があり、そこに不鮮明ながら一枚の図があった。よく見るとそれは「河内湖Ⅰの時代」（35頁　図―6）の元図だった。漸く「大阪平野の発達史」から古代史を論じた方に巡り合えた、と思ったがそうではなかった。

「処で、一八〇〇〜一六〇〇年前の大阪湾の地形は六〜七世紀の頃とは異なっていた。神武東征の時期と想定される三世紀から四世紀の頃の大阪湾には河内湖という湖があり、上

町台地が南から延びて大阪湾と河内湖の境界となっていた。上町台地の北端と、千里丘陵との間に少し隙間があって、河内湖の水はこの狭い隙間を通って出入りしていた。そのため、此処は潮流が大変早く激しかったので、この付近は〈浪速〉と呼ばれた。処が、七世紀には上町台地と千里丘陵との狭い隙間が砂に埋もれてしまい、地形が一変してしまった。〈浪速〉の語源となった早い流れも無くなっていた」

残念ながらこの解説は「誤」だった。この時代、「河内湖の水はこの狭い隙間から流れ出ていただけ」なのである。

氏の考えを確認する意味で、『邪馬台国はその後どうなったか』（廣済堂出版　平成四年）に目を通すと、「天照大御神は卑弥呼である」とあったのには目を疑った。そして神武東征は卑弥呼の時代の四十年後、二九〇年前後の出来事としたが、これは「河内湖Ⅰの時代」であり、神武東征のあの描写はあり得ない。では何故この間をかくも短くしたのか。

「古代の天皇の平均在位期間が約一〇年であることが判明し、ここから推論すると、初代の神武天皇の在位年代は二八〇〜二九〇年頃になり、二三七年に魏に使者を送った卑弥呼の時代は、記紀では神武天皇以前の神話の時代ということになる」（第二八四回の「邪馬台国の会」）

だが、魏志倭人伝からは、それが「神話の時代」とは到底思えない。そこで日本書紀を開いて確認すると次の通りだった。

| | | 皇紀在位年数 | 実在位年数 |
|---|---|---|---|
| 神武天皇 | BC六六〇〜五八五 | 七六 | 三八 |
| 綏靖天皇 | BC五八一〜五四九 | 三三 | 一六・五 |
| 安寧天皇 | BC五四九〜五一一 | 三九 | 一九・五 |
| 懿徳天皇 | BC五一〇〜四七七 | 三四 | 一七 |
| 孝昭天皇 | BC四七五〜三九三 | 八三 | 四一・五 |
| 孝安天皇 | BC三九二〜二九一 | 一〇二 | 五一 |
| 孝霊天皇 | BC二九〇〜二一五 | 七六 | 三八 |
| 孝元天皇 | BC二一四〜一五八 | 五七 | 二八・五 |
| 開化天皇 | BC一五八〜九八 | 六〇 | 三〇 |
| 崇神天皇 | BC九七〜三〇 | 六六 | 三三 |

神武から崇神までの平均在位年数は皇紀で約六十二年間とあり、「春秋年」として実年換算すると半分の三十一年間となる。何処にも十年とは書いてない。念のため、氏の最新刊、『天照大御神は卑弥呼である』（心支社）を開くと相変わらずだった。

「筑後川のたまものとして三世紀に勃興した邪馬台国は、この世紀の終わりに、倭王神武天皇にひきいられて東遷し、大和朝廷になった」(261)

ならば東征した「倭人」男子は、神武天皇も含め、「皆黥面文身」していたのか。

「神武東征は、古い時代にあった本当の出来事が語り伝えられた」なる心意気や良し。だが論理的結構は頼りなく、「大阪平野の発達史」、「黥面文身」、「日本書紀」、「考古資料」はこぞって氏の見方を否定していた。

## 真意はどこか・森浩一氏の深謀

著名な考古学者、森浩一氏に期待し、『古代史おさらい帖』(筑摩書房　二〇〇七)を読んでみた。

「縄文中期頃から地球規模で海退が始まり、河内湾の周辺から徐々に陸地になりだした。湖の面積は狭まり河内潟の時代になった。潟の東端に近い生駒山脈の麓に縄文時代晩期の日下貝塚がある。そのことからこの頃には潟の東部が淡水化したと推定される。このようにして弥生時代から古墳時代にかけて河内湖となったが湖の一部はその後も残り続けた」(27)

縄文海退はともかく、現象理解は概ね正しい。だが次からおかしくなった。

「記紀では続いてそのイワレ彦の南九州（日向）からの東征（遷）の物語が始まる。磐余彦は吉備で戦の準備を整えたのち、船団をくんで難波碕にさしかかると、波がひどくたち潮の流れのきつい場所があったので、この地を浪速国とも浪速ともいった。それがなまって今は難波と呼んでいる。その速い流れを遡ると河内国の白肩の津に至った」(32)

繰り返すが、日本書紀は、「潮の流れのきつい」ではなく、「早い潮流があって大変早く着いた」と上げ潮に乗って船が進む様子を表している。白肩の津への描写は、「その速い流れを遡ると」ではなく「川を遡って」であった。その上で次のように記す。

「ぼくが注目したいのは、この物語（神武東征　引用者注）で次々に現れる地形が前の項で述べた河内湾または河内潟の地形とよく符合することである」(32)

だが「河内湾の時代」なら、そこは海、白肩の津へ至る描写が「川を遡って」とはならない。するとと東征は「河内潟の時代」になると思いきや、氏の結論は飛んでいたのである。

「前述の『紀』（日本書紀）のイワレ彦の東征物語に反映しているのは、記事をすなおに読むと河内湖Ｉ期のことと理解できる」（37）（図―13）

だが「河内湖Ｉの時代」なら、「イワレ彦の東征物語に反映していない」ことは、氏自ら描いた図を見れば分かる。河内湖は閉ざされ、干潮時には四キロに及ぶ干潟が現れ、船で河内湖への侵入は不可能だった。仮に入れたとしても、そこは湖面、遡るべき川は消えていた。氏ともあろう方が、何故に日本書紀の読み違いをしたのだろうか。

## そこは廃墟だった・森浩一氏の東遷説

次いで『倭人伝を読みなおす』（ちくま新書　二〇一〇）を読んでみた。前著から、「氏は神武東征を信じていた」と思ったが、意外な結末となった。

「ぼくは北部九州勢力の東遷説をとっており、今回東遷の推進者（立案者か）が張政であるという見通しを持てるようになった」（175）

張政とは、狗奴国との戦いにおいて苦戦に陥った女王国を助けるべく、魏の詔書を持って来た代表者と思しき人物である。では氏のいう東遷年代は何時頃か。

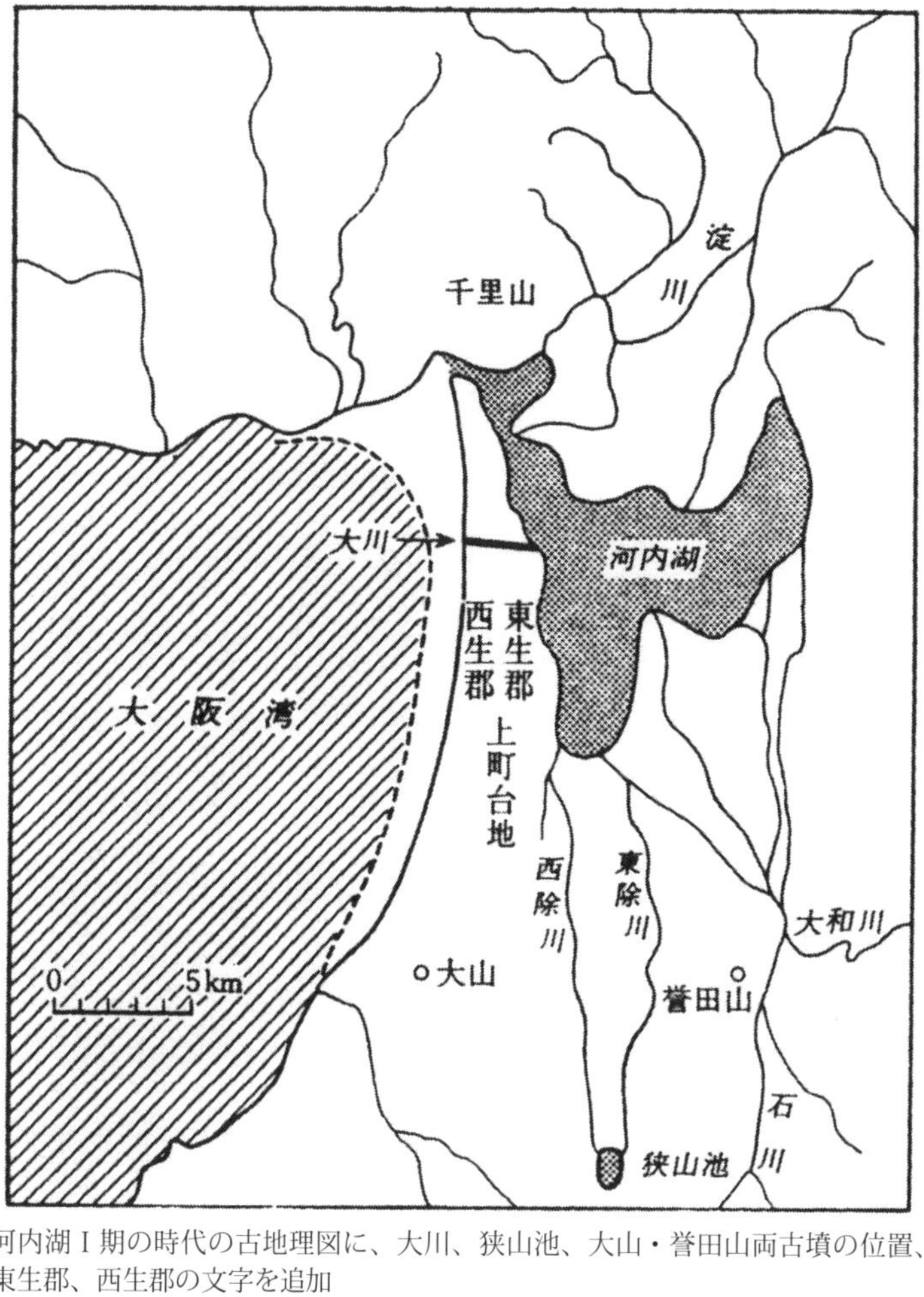


河内湖Ⅰ期の時代の古地理図に、大川、狭山池、大山・誉田山両古墳の位置、東生郡、西生郡の文字を追加
（「大阪平野の発達史」『地理学論集』７、1972. の梶山彦太郎・市原実両氏の図を参考に作成）

図－13　森浩一氏作図の「河内湖Ⅰ期」

「それは卑弥呼のあとの狗奴国の男王（女王国に属する奴国の王でもよい）の時代か、男王が立ったための混乱期がおさまり、台与が晋に遣使する二六六年までの間、つまり二五〇年代の可能性が高い」(175)

これで分かった。二五〇年代なら「河内湖Ⅰの時代」となる。氏は、『古代史おさらい帖』では、東遷年代を台与の東遷「二五〇年代」に合わせるため、「河内潟の時代」を飛ばし、「河内湖Ⅰの時代」へとスライドさせたに違いない。そして「東遷した台与がヤマトを支配した」とした。

「台与はヤマトに都を遷すことで政治的な安定と倭国の支配に集中できた」、「東遷をはたした台与は、奈良盆地南部の地名をとって邪馬台《やまと》国というようになった」(184)

では「倭国の支配に集中」した台与とは誰を指すのか。氏は語らないし『記紀』にも比定しうる女性は登場しない。然らば何故この陥穽に陥ったのか。

それは、魏志倭人伝にある邪馬壱国の「壱」を「臺」と読変えたことから始まると見た。氏は「正しくは邪馬臺国だ」と判断し、「臺」の簡略文字「台」を用いて歴史を解釈した。魏志倭人伝にある卑弥呼の後継者、「壱与」も誤りで「臺」が正しいとして「台与」とした。そして「邪馬台国の東遷」から邪馬台《やまと》国に行き着いたが、『記紀』や「大阪平野の発達史」との整合性は得られなかった。

ところで、ヤマトに入った男たちの故地が北部九州なら、台与と共にやって来た男たちは皆黥面文身となるが…と思って頁をめくると、氏は臆することなく断言した。


「万二千里の文章に続けて男子の黥面文身の長い説明がある。この個所は女王国の倭人でも狗奴国の倭人のどちらにもいえることである。文身は胸、背中、腕への入墨、黥面は顔への入墨である。

弥生時代の土偶や古墳時代の埴輪で見ると黥面は古墳時代後期まで行われていたが、次第に力士や馬丁に限られ、武人は少なくなる傾向にある。それでも近畿へ移住していた隼人の武人の埴輪は黥面をしていた（京田辺市堀切古墳）」（144）


氏は、女王国の倭人男子は「皆黥面文身す」を「正」とした。すると台与と共に大和へやって来た男たちは皆入墨をしており、それがヤマトの皇室の先祖なら、皇族には「黥面文身」の伝統があったとなる。それが「二五〇年以降、古墳時代後期まで行われていた」と言うが、設楽氏の論考などから判断して「誤」と見る他ない。

戦後検閲の時代を生延び、考古学と文献との融合を求めて幾星霜、齢八十を過ぎ、ようやく辿り着いた台与の東征譚。だが、そこは矛盾渦巻く廃墟だった。

ご覧の通り、「戦後検閲」を受け、「教職適格者」だった学者やその弟子、物書きの話は、何れも怪しげなものばかりだった。そして、先に設けた六つの仮説を否定することが出来なかった。では戦後神話に囚われず、神武東征を真実として古代史を追及した著名なお二方の論を追加検討してみよう。

# 第四章　古田武彦・八木荘司氏の東征譚を検証す

## 古田氏は「大阪平野の発達史」を理解していたか

古田武彦氏の考えを知るため、手始めに『古代通史』（原書房　一九九四）を読んでみた。すると、次の一文に巡り合った。

「なぜ、神武天皇が実在なのかと申しますと、下の図をご覧下さい（図―14）。〈古代の大阪湾と河内湖〉という題で、これは『大阪府史』の第一巻に出ている図をもとにして書いたものでございます。これは現在の大阪ではございません。弥生時代の終わりから古墳時代の始めにかけての頃、その時代の大阪湾はこのような形をしていた。真ん中に北へ向かって半島が突きだしております。現在、その真ん中あたりに大阪城があるわけです。

今は、その突きだした半島の左側にずっ

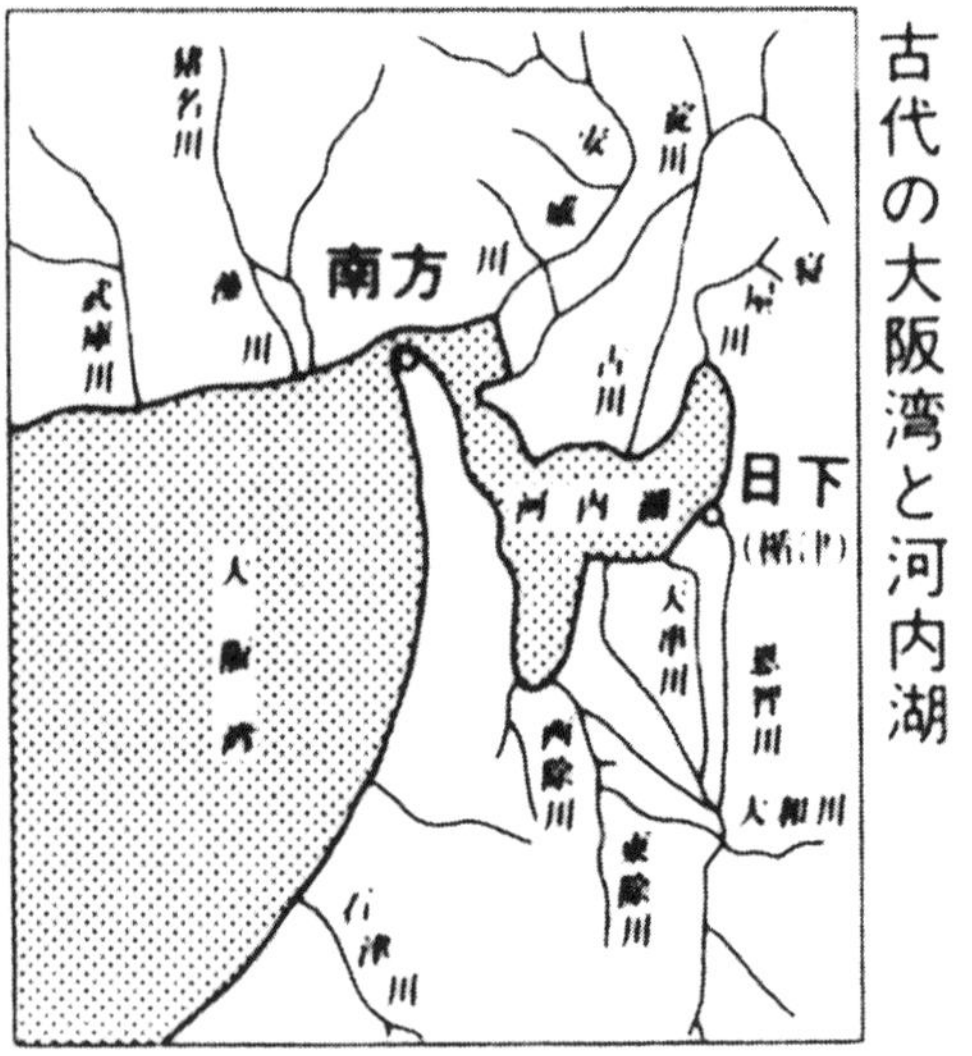

図―14　古田武彦氏作図の「河内湖」

と陸地が拡がっているわけです。だから、現在の大阪湾よりずっと市街地が食い込まれていて、大阪城辺りまで海があった。それだけではなく、大阪城の先端をなしている突端部から、更に内海が入りまして、これはやがて河内湖になるんですけど、水がちょっとあいてますから湖じゃなくて湾です」(143)

氏は、『大阪府史』の図を見て、「開口があるので海と繋がっている」と早合点し、作図したのではないか。図―6（35頁）と見比べれば分かる通り、簡略化が過ぎ、縮尺すら無いのだから話にならない。従って、これを基に論ずるのは危い。

この図が「弥生時代の終わりから古墳時代の始め」なら二五〇年頃、「河内湖Iの時代」となる。ならば「湖じゃなくて湾です」は誤り、「湾じゃなくて湖です」が正解となる。

河内湖の水はこの開口から流れ出るだけであり、干潮時の河内湖面は大阪湾より二メートル以上高く保たれていた。そして開口部の先には四キロに及ぶ遠浅の浜が姿を現した。この辺りは図―13を見れば良く分かる。然るに氏は、手漕ぎの軍船で大阪湾から河内湖に入る手立てを思い描いた。

「朝日新聞社のある中之島当たりで船を引っ張って行く。この船を引っ張って若干の陸地を越えるということは、縄文とか弥生では船を扱うノウハウの一つですから、そういう所

は各地にございます」(146)(前掲書)

だが軍船を降り、「上町台地を人力で引っ張って越える」は想像の外だった。干潮時の汀線も消えた氏の図—14と図—6、13を見比べながら、市原実氏の言葉を思い出してほしい。

「上町台地の西縁(中之島側)にできた海蝕崖の波打ち際に打ち上げられた砂が、崖に沿って砂浜をつくり…」

上町台地の西は海蝕崖だった。その西の中之島あたりは、干潮になると二キロに及ぶ潟状の浜が広がり、市原実氏は「その先には沿岸洲が形成されていた」とした。数十人の兵士を乗せた手漕ぎの軍船は、石鏃を始め武器や食料を満載しており、喫水は優に一メートルを超えていただろう。

海から陸に向かって漕ぎ進み、仮に沿岸洲を乗り越えたとしても、その先は二キロに及ぶ遠浅の海だった。干満差が二メートルしかないのだから、満潮でも海岸線の手前約一キロで船は座礁する。そこで下船し、腰まで海水に浸かり、有明海の干潟のような泥濘に足を取られながら船を海岸まで曳かねばならない。

やがて潮が引き始め、漸く上町台地に達したとしても、その前には崖が立ちはだかっていた。

この崖の上に敵がいれば格好の標的になったに違いない。この崖を人力で引き上げたと仮定して、その先には、更に一・五キロ程の陸地が広がっていた。

縮尺を知り、地形を正確に理解すれば、「若干の陸地を越える」などと言った生易しい話ではなく、海に浸かり船を曳き、崖を超え、最短でも二・五キロの陸地を越えねばならなかった。

「現在、我々が知っている弥生時代末、古墳時代初期の地形図から見ると、古事記に書かれている記事は全部本当」（147）（『古代通史』）

そこで古事記を開いてみると、「浪速の渡りを経て、青雲の白肩津に泊てたまひき」とあるのみ、「船を引っ張って陸地を越えた」とは何処にも書いていなかった。

その後、氏の『ここに古代王朝ありき』（ミネルヴァ書房　二〇一〇）を開いて見たが、大阪平野に対する理解は相変わらずだった。

図―14に（約一八〇〇〜一六〇〇年前）と追記した上で、「当然この入口は出入り可能、この河内湖は大阪湾に繋がった河内湾であったと思われる」（207）とあったのには落胆した。氏の理解は明らかに「誤」のままだったからだ。肝心の所は原典に中らなければ、正しい古代史理解に至らないのである。

## アヤフヤな「古田古代史年表」

『古代通史』巻末に「古田古代史年表」が載っていた。だが自信なさげに〝か〟付だった。

天孫降臨［BC一〇〇年頃か］
狭野命（神武天皇）の近畿侵入［二世紀頃か］
二三八　筑紫の女王（倭国王）卑弥呼　魏と国交を結ぶ
崇神大王（天皇）の近畿圏拡大［三〇〇年頃か］

神武天皇の近畿侵入年代は、［二世紀頃か］だけだった。一方、氏は神武東征年代を、「弥生時代の終わりから古墳時代の始め」としていたから、二五〇年頃、即ち三世紀半ばと考えていたのかも知れない。アヤフヤなので、『失われた九州王朝』（ミネルヴァ書房）を開いてみた。年表は見当たらなかったが推定は可能だった。第二章で、百歳を超える天皇の存在を解くカギとして「二倍年暦（春秋年）」に触れていたからだ。

「してみると、『記』（古事記）『紀』（日本書紀）の編者が漫然と長寿を造作したと見なすのではなく、一定のルール・即ち二倍年暦によってこの天皇長寿が実現している、と見る方が道理にかなっている」（111）

これは納得できる。そして推論を重ね結論に至った。

「以上の論証の中で、今重要なのは、『紀』の中で〈少なくとも「継体紀」以前は「二倍年暦」で書かれている〉という命題だ」(113)

氏は、この「命題」を解かなかったので筆者が解いてみた。

「継体以前」の年紀が「二倍年暦」なら、その期間は神武天皇即位（皇紀・紀元前六六〇年）から継体崩御（皇紀・五三一年）までの千百九十一年間となる。すると、実年は半分の五四五・五年となり、神武即位は、継体崩御の五三一年から五四五・五年を差し引いて一年を加えた、紀元前一三・五年頃となる。

すると「二倍年暦」から推定される神武東征と、「古田古代史年表」の「狭野命（神武天皇）の近畿侵入［二世紀頃か］」と最大二〇〇年近く食い違うことになる。また氏の「弥生時代の終わりから古墳時代の始め」と比べると二五〇年以上食違ってしまう。

自信なさげに〝か〟付にした理由は分かったが、どれが正解なのか根拠と共に示して頂けないものだろうか。年代がこうアヤフヤでは史書として読めないからである。

## 「韓国《から》」は当て字「空国《むな》」が正しかった

『古代通史』には、「天孫降臨の地」は北部九州とあった。その年代は［ＢＣ一〇〇年頃か］であり、その頃、「ニニギノ尊は壱岐・対馬辺りから北部九州を侵略した」とした。

「その後神話分析をやってみると、糸島郡から博多に入る間の山が高祖《たかす》山連峰、「天孫降臨」の山だった。（中略）この水田耕作の盛んな土地を俺の子孫が支配するぞ、といっているんです」(173)

再び古事記を開いてみると、「日向の高千穂のくじふるたけに、天下りましき」とあった。そしてニニギノ尊は次のように仰せられたと書いてあった。

「ここは韓国に向かい、笠沙の御崎に真っ直ぐに道が通じていて、朝日のまともに指す国であり、夕日の明るく照る国である。ここは真に良い所だ」（『古事記（上）全訳注』）

日向とは宮崎県と鹿児島県を併せた地名であり、韓国岳があり、薩摩半島の野間岬には〝笠沙〟なる地名が色濃く残り、朝日は宮崎から昇り夕日は薩摩半島の方に沈むことを思えば素直に理解できる。但し、韓国の「韓《から》」が理解不能だった。そこで日本書紀を開いてみた。

「日向の襲の高千穂の峰にお降りになった」、「痩せた不毛の地を丘続きに歩かれ、良い国を求めて吾田国の長屋の笠沙御崎にお着きになった」(58)(『日本書紀(上)』)

和訳は、「韓国」を「痩せた不毛の地」としていたが、再確認のため、日本書紀(一)(岩波書店天理大学所蔵卜部兼右を底本)を開いてみた。

すると「膂宍《そしし》の空国《むなくに》を、頓丘《ひたお》から国覓《くにま》ぎ行去《とわ》りて」(122)とあった。

その意味は「もともと少ない背中の骨の周りの肉すらないような、荒れて痩せた不毛の地をずっと丘続きに良い国を求めて歩かれて」であった。

確かに、シラス台地は、稲作から見れば何も出来ない「カラの国」だった。日本書紀は不毛の地から「ニニギノ尊が笠沙碕に行った」理由を書き加えたことになる。

すると古事記の「韓国」とは「空国《むなくに》」であり、その「空《むな》」を「から」と読み、何時しか「韓《から》国」と当て字されていたことになる。同時に「韓国岳」は「空国岳=不毛の土地にある山」が正解となる。

然るに氏は、古事記の「韓国に向かい」を見て「この土地は韓国《かんこく》に向いあっている、といっている」(110)「海の向こうは韓国だ」と速断、「天孫降臨の地」を北部九州とした。

だが、三国志・韓の条は「韓は、東西は海を以て限りとなし、南は倭と接す」だった。即ち、北部九州の「向こうは倭人の国」であり、その先に「韓」があったことになる。古事記の「韓国」とは当て字のなれの果て、この理解は誤りだった。

日本書紀によると、「笠沙御崎にお着きになった」ニニギノ尊は、薩摩半島西南の岬（笠沙町の野間岬）でカシツ姫、またの名を神吾田津姫—またの名を、木花之佐久夜毘売《このはなのさくやびめ》に出会い、見初め、結婚を申し込む。カシツ姫の父は姉の磐長姫と妹の二人を娶って欲しいと送り出したが、皇孫・ニニギノ尊は、姉は醜いと思われ返し、妹と交合された。

ところが、一夜にして妊娠したことを知り、妻の不貞を疑うニニギノ尊との間で深刻な夫婦げんかが始まる…。

ところで、鹿児島には旧石器時代、縄文時代草創期から連綿と連なる遺跡があり、この地は遠い昔から人々が住み、吾田国とは鹿児島県西部の古称であった。薩摩半島西岸の金峰町には、縄文早期から続く阿多（吾田）貝塚があり、森浩一氏は次のように記していた。

「阿多の地名で想起されるのは、薩摩半島が隼人集団の中の名族・阿多（吾田）隼人の故地であり、それに対する墓制もある。（中略）

皇室の伝説上の婚姻では、ニニギノ尊の妻となったコノハナノサクヤ姫の別名が神吾田カシツ姫であり、伝説上の始祖王・神武の妻の一人は、日向国の吾田邑の吾平津《あひらつ》姫であった（日向は、もと大隅、薩摩を含む範囲であった）」（46）（『図説日本の古代3』中央公論社　一九八九）

笠沙の碕　⇒　ニニギノ尊が神吾田カシツ姫に出合ったとされるところ
阿多(吾田)　⇒　神武天皇の最初の妻　吾田邑の吾平津姫だった
宮崎神宮　⇒　神武天皇が住んでいたとされる
都農神社　⇒　神武天皇が東征の途中に祀った神社
美々津　⇒　神武天皇が出立したとされる港
むな国岳　⇒　現在は空国から韓国へと当て字されている
狭野　⇒　神武天皇が生まれたとされる—狭野命と呼ばれていた
…………　⇒　神武東征ルートとされる

図－15　弥生時代中期　九州勢力図

『記紀』を素直に読み、言葉の原義を確かめ、地名を確認し、考古学者の言葉に耳を傾ければ、天孫降臨は南部九州、日向の地とならざるを得ない（図―15）。

## 「誤読」から導かれた東征出立地

では「神武天皇は日向から出立したのか」というと、そうではないと古田氏はいう。その証として次の歌から始めた（『古代通史』）。

「神武天皇の軍が熊野を越えて大和に出て、宇陀という所へ来たとき、軍勢が、久米の子、後の言葉でいえば久米部ですが、それが声をそろえて歌ったという歌が、古事記にも日本書紀にも載せられています。

宇陀の高城《たかき》に鴫《しぎ》罠張る　我が待つや　鴫は障《さや》らず　いすくはし　くぢら障る（後略）」（149）

久米部の「軍勢が声をそろえて歌った」と言うが氏の読み方は正確ではない。古事記は「歌いたまはく」、日本書紀は、「天皇《すめらみこと》、御歌読みして曰《のたま》はく」とある。天皇が歌ったのだ。

更に氏は、鴫という鳥は山にも海にもいるが、それを獲る網を海に張っていたら、「鯨が引っかかった」（150）とした。また、〝宇陀〟とは北部九州糸島半島の〝宇田〟を連想して歌った歌であり、この辺りはゴンドウ鯨がとれるのでそれに違いないとした。だが、地上に張る小さな渡り鳥捕獲の網に、鯨がかかるイメージが湧かない。

古事記には「鯨障る」とあったが、次田真幸氏は「原文の久治良のクチを鷹の古語とし、ラを接尾語とする説もある」と解説した。つまり、「鯨」は原文にはなく、稗田阿礼がクチラと語ったら誰かが「久治良」と書き、それに「鯨」と当てたことが分かった。

確認のため、日本書紀の編著者は「久治良」を「鷹等《くぢら》」と理解していた。「鷹等《くぢら》障り」とあった。即ち、当時の日本書紀（一）（岩波文庫）を開くと「鷹等障り」とあった。

治谷猛氏も「鷹がかかった」とした。すると、天皇の御歌は「鴫網を張ったら、思いもかけず大物の鷹や他の鳥が獲れた」という〝剽軽《ひょうきん》な歌〟となる。

また古田氏は、〝宇陀〟を糸島半島の〝宇田〟とし、「鯨」を頼りに次のように記した。

「神武の出発地が分かったからなんです。神武は日本書紀によりますと、どうも宮崎県から出発したんじゃないかと考えられてきた。私も最初そう思っておりました。でも調べていくとそうではない。古事記でみますと、出発地は宮崎県ではなく、福岡県である。それも糸島近辺が出発地であるという問題が出てまいりました」（151）（『古代通史』）

だが、古事記は、「ただちに日向から出発して筑紫国においでになった。そして豊国《とよのくに》の宇佐に到着された。（中略）そこからお遷《うつ》りになって筑紫の岡田宮に一年滞在された」と記しているから、素直に読めば日向となる。日本書紀も次のように記していた。

「十月五日、天皇は自ら諸皇子・舟軍を率いて、東征に向かわれた。速吸之門（豊予海峡）においでになると…筑紫の国の宇佐に着いた。十一月九日、天皇は筑紫の国の岡水門に着かれた。十二月二十七日、安芸国に着いて…翌年、吉備国に移られ…」

これらを否定し、「出発地は宮崎県ではなく福岡県である」とする本意が分からない。そして次の一文と重ね合わせることで、矛盾が露呈したのである。

## 何故か「黥面文身」が見当たらない

氏は、「BC一〇〇年頃か」に壱岐・対馬辺りからニニギ尊が北部九州を侵略し、そこで暮らし、神武東征もそこを出立したとした。同時に氏は、この地が邪馬壱国であったとした。

「つまり糸島郡から博多湾岸に入った途端、もう邪馬壱国なんだ、というふうに結論せざるを得なかった。私は、博多について全く知識がなかったし、そんなところに邪馬壱国があるなんて夢にも思わなかったんですが、否応なしにそういう結論になった」（173）（『古代通史』）

「古田古代史年表」によると、神武天皇は［二世紀頃か］に近畿へ侵入したとある。すると、神武天皇が糸島近辺から出立した後に、卑弥呼が女王になったことになり、彼らは同郷の倭人となる。そして氏は、魏志倭人伝に全幅の信頼を寄せていた。

「一番大事なのは、やはり倭人伝はリアルだったこと。（中略）倭人伝のなかじゃ一番信憑性が低いような感じの部分が、それすらリアルだったんです。そしたら中国の使いが来ている倭国の都がリアルでないはずがないじゃないですか」（185）（前掲書）

北部九州が皇室の故地であり、魏志倭人伝がリアルなら、ニニギノ尊を始め、倭人であった皇室の祖先や神武天皇の親兄弟から子供まで、「男子は皆黥面文身す」となる。

古田氏の見方を知るため、大部な「古田武彦・古代史コレクション」の1から7の索引を調べたが、「黥面文身」が見当たらなかった。『古代通史』にも、最新刊の『卑弥呼』（ミネルヴァ書房　二〇一一）にも「黥面文身」を論じた文が見当たらなかった。三五〇頁を超える『倭人伝を徹底して読む』を斜め読みしたら、次の一文が見つかった。

「長老説くに、異面の人有り、日の出づる所に近し、と。（中略）異面の人というのは、黥面（顔に入れ墨）の倭人のことです。『魏志』の夷蛮伝の中で、倭人だけがそういう風習をした民

族として書かれています」(91)

氏の立ち位置が分からないので、「古田武彦　黥面文身」でネット検索を行った。すると「倭人の風景」(二〇〇六・六・四)がヒットした。

ここで氏は、倭人の「男子は皆黥面文身す」を認め、「大和へ東征した神武たちは倭人」とした。すると、北部九州を出立した神武天皇一行は皆黥面文身していた、とならざるを得ない。だが、氏の論を支える考古資料は存在せず、『記紀』にもそのような気配は見当たらない。

氏は、「黥面文身」と皇室の故地やヤマトとの関係を正面から論じ、世に公表されるべきではないのか。

「神武東征を事実」とする心意気や良し。だが、『記紀』を読み、シナ正史、「大阪平野の発達史」、「黥面文身」、考古資料から検討を加えると、氏の東征論は破綻していた、と断ぜざるを得なかったのである。

## 明らかになった八木荘司氏の目的

氏の『古代天皇は何故殺されたか』(角川文庫　平成十九年)を開いてみた。

この書は古代史物語として分かり易いという長所があったが、その目的は虚心坦懐に事実を求めるのではなく、「邪馬台国畿内説を守り、歴代天皇を肯定すると、どのような物語が成立つか」にあることが分かったのである。次にこの論を検討してみたい。

氏は先ず、神武東征年代とは何時のことなのかを解き明かそうとした。

「古事記、日本書紀の伝える神武東征は、中国の歴史書の〈倭国の大乱〉だと仮定すると、果たして現実にそぐわない矛盾が生じるかどうか。結論からいうと、矛盾はただ一つしかない。やはり日本書紀の記す〈甲寅年《きのえとら》から辛酉年《かのととり》〉という年代の問題である。これが日本書紀の編年のとおり、ＢＣ六〇〇年代だとすれば、先に検討したように、先ず絶対にあり得ないということになる」(46)

「中国の歴史書」とは後漢書倭伝であり、「甲寅」とは神武一行が東征に出立したとされる年、「辛酉」とは神武天皇即位の年である。

「古事記は日本書紀と違って、歴代天皇の事項に年月の記載がなく、それが何年ごろの出来事であるか全く不明な場合が多い。日本書紀のように、天皇の即位年を干支で表すといったこともないので、例えば神武東征が何年頃だったたか、推定のしようがないのである。しかし例外的に古事記にも年月の記録がある。古事記が扱う三十三人の天皇のうち、十五人については、亡くなった年月日を干支で伝えているのである。

最初に現れるのは第十代の崇神天皇で、崩じたのは戊寅《つちのえとら》の年の十二月だったとしている。この他、仁徳天皇は丁卯《ひのとう》、雄略天皇は己巳《つちのとみ》、推古天皇は戊子《つちのえね》といった具合である。何故三十三人のなかで十五人なのかといえば、この十五人についてだけ崩御の年月が記録されている史料がのこっていた、ということであろう。今この崩御年を西暦に換算してみると

崇神天皇（第十代）　三一八年　仁徳天皇（第十六代）　四二七年
雄略天皇（第二十一代）　四八九年　推古天皇（第三十三代）六二八年

何れも歴史の現実にぴったりとあっている。こう見ると古事記、日本書紀が採録している干支による年代は、やはり何等かの史料的根拠があったと考えざるを得ない」（46）（前掲書）

だが古事記は崇神天皇の崩御年を、「百六十八歳。戊寅の年の十二月に崩御になった」と記すのみ。三一八年とは書いていない。また『記紀』の干支が一致するのは次の四代のみであった。

安閑天皇（第二十七代）　乙卯《きのとう》　五三五年崩御
用明天皇（第三十一代）　丁未《ひのとひつじ》　五八七年崩御
崇峻天皇（第三十二代）　壬子《みずのえね》　五九二年崩御

推古天皇（第三十三代）　戊子《つちのえね》　六二八年崩御

従って、安閑天皇以降は干支と西暦が結びつく可能性が高いが、神武からある代までは干支から西暦を推定するのは危うい。次なる百歳以上の天皇の崩御年から導かれる当然の帰結である。

| | 日本書紀 | 古事記 |
|---|---|---|
| 神武（初代） | 一二七歳 | 一三七歳 |
| 孝安（第六代） | 記載なし | 一二三歳 |
| 孝霊（第七代） | 記載なし | 一〇六歳 |
| 開化（第九代） | 一一五歳 | 六三歳 |
| 崇神（第十代） | 一二〇歳 | 一六八歳 |
| 垂仁（第十一代） | 一四〇歳 | 一五三歳 |
| 景行（第十二代） | 一〇六歳 | 一三七歳 |
| 成務（第十三代） | 一〇七歳 | 九五歳 |
| 応神（第十五代） | 一一〇歳 | 一三〇歳 |
| 雄略（第二十一代） | 記載なし | 一二四歳 |

つまり、百歳以上の天皇がこれだけおり、日本書紀と古事記の崩年も同一ではない。そして八木氏もこの長命を「あり得ない」としたのだから、干支を拠所に実年齢や崩年を推定すること自体、矛盾である。だが、氏はこのことに気付かなかったようだった。

## カギは「裴松之《はいしょうし》の注」にあり

実は、天皇長寿の謎を解くカギがシナ文献に残されていた。それが魏略の逸文「裴松之の注」である。

「其俗　不知正歳四節　但記春耕秋収　為年紀」

「倭人は歳の数え方を知らない。ただ春の耕作と秋の収穫をもって年紀としている」

この「春秋年」が実年解明の糸口となる。即ち、百歳を超える長寿は「春秋年」の可能性が高いと云うことであり、氏はこのことを承知していた。

「天皇長寿は何等かの意図を持って捏造されたものなのか。或いは何故かそうした伝承があって日本書紀編者らは、それに忠実に従っただけなのだろうか。日本書紀に常に疑いの眼を向ける研究者は、天皇長寿についても政治的な目的があったに違いないと見ている。

例えば、神武即位の年について、意図的にBC六六〇年の辛酉年に設定したとの説に立つ那珂通世《なかみちよ》は、この異常に伸びた時間を歴代天皇に割り振ったために、百歳以上の長寿の天皇を続々と創らざるを得なかったと説明している」(107)(『古代天皇はなぜ殺されたか』)

讖緯説は破綻していることを論証したが、氏もその弱点を指摘していた。

「ちょっと考えれば分かることだが、那珂通世のこの説は幾つかの点で破綻している。先ず古事記である。日本書紀と違って、古事記は歴代天皇の即位年や在位年数などは記録していない。初めて出てくる干支による記録は、既に述べた通り崇神天皇が崩じた年、戊寅(三一八年)である。神武天皇の即位がいつ頃のことであったのか、古事記は年紀に関しては一切触れていない。従って、歴代天皇の年齢を引き延ばす必要は、全くなかったと考えられる。

にも関わらず、神武百三十七歳、崇神百六十八歳、垂仁百五十三歳、景行百三十七歳、応神百三十歳と、異常な長寿をずらっと記録しているのは何故か。少なくとも辛酉革命による歴史の引き延ばしの穴埋めでないことは、明かである」(108)(前掲書)

稗田阿礼が捏造したなら、「崇神百六十八歳」などとせず、天皇を増やしたに違いない。そう出来なかったのは、そのような記録があったからだと氏も考えていた。

「古事記、日本書紀が編纂された頃は、勿論日本も普通の暦を使っていた。そのため古事記、日本書紀の編者は、昔は春秋年で年を数えていたとは知らず、歴代天皇の年齢を始め、信じられない長寿の記録を見つけても、不思議に思いながらもそのまま採録したのではないか。

八世紀の奈良時代の人間が、百六十八歳もの天皇の長寿を事実と信じるはずはないが、記録は記録である。勝手に官吏が手直しすることは許されず、原資料通り書き込んだ、と云うわけである。

天皇長寿の記録を点検してみると、百歳を超える天皇が並んでいるかと思えば、古事記では第二代綏靖天皇の四十五歳、第十四代の仲哀天皇の五十二歳といった例も見られる。これらを全て春秋年とみて、二分の一にすると、最高齢の崇神天皇の八十四歳から最も若い綏靖天皇の二十三歳まで、人間の寿命としてはまずは合理的な範囲に収まる」（114）（前掲書）

ここまで語ったのだから、氏は「春秋年」を根拠に神武天皇の即位年に迫って行くと思いきや、何故かそうはしなかったのである。

## 神武東征と倭国大乱は関係ない

氏は、「内外の文献を検討していけば、合理的にその年代を割り出すことが出来る」とし、後漢書倭伝の〝倭国大乱〟に注目した。

「先ず大雑把に、奴国王が後漢の光武帝から金印を送られた年代から、女王卑弥呼が登場する頃までを当てはめると、辛酉に当たる年は、西暦の六一年、一二一年、一八一年、二四一年ということになる。一方、倭国の大乱があったとされるのは、〈桓・霊の間〉とすれば一四六年から一八九年、更に絞って霊帝の〈光和年間〉とすると一七八年から一八四年である。

そして倭国の大乱とは神武東征が中国に伝わったものであるとするなら、神武東征は右のデータにより、〈一七四年の甲寅から一八一年の辛酉年〉ということになる。つまり神武天皇が橿原の宮で即位した辛酉年とは、一八一年だったということである」（48）（『古代天皇はなぜ殺されたか』）

干支を頼りに、「すれば」、「すると」、「するなら」と繰り返し、神武即位年を一八一年とした。

だが、卑弥呼と同時代の魏志倭人伝は次のように記すのみだった。

「その国は、もと男子を持って王となし、止まること七、八十年。倭国が乱れ、たがいに攻伐すること暦年、そこで共に一女子を立てて王とした」

そこには「桓・霊の間」とは書いていない。これは北部九州の内乱であり、この乱は卑弥呼を推戴したことで治まった、と読む他ない。だが氏は次のように想定した。

「南九州の後進地を発した武装集団が、瀬戸内海各地に攻撃を加えながら、大和に遠征する軍事行動をおこしたらどうなるか。内乱である」

「日本書紀の記述に従うなら、甲寅の暮れから六年ほどのあいだ、瀬戸内海から大和へかけての国々は、次々と騒乱状態に巻き込まれていく」(43)(『古代天皇はなぜ殺されたか』)

ここで指摘したいのは、神武東征には「大和の地での建国」という明確な目的があったということだ。神武天皇には、「塩土の翁」という情報通がおり、ヤマトは既にニギハヤヒと云う天孫族により治められていることを承知で、武力で奪い取ろうとした。

すると、軍船という限られた兵力での遠征なのだから、「瀬戸内海各地に攻撃を加える」のではなく、戦を避け、「目的地までは兵力を温存する」のが軍事常識であろう。

事実、「日本書紀に従うなら」話は逆で、日向を出立して日下に上陸するまで、兵を養う記述はあるが戦いの記録は一切ない。従って、氏の一文は「誤か偽」であり、倭国大乱と神武東征を関連づけることは出来ないのである。

## 矛盾が顕在化した東征年代

氏は「春秋年」を知っていたのに、干支と倭国大乱を頼りに「神武即位は一八一年」としたことが混迷の原因となった。

「皇統は神武天皇から始まるとして、神功皇后を加えるなら昭和天皇まで一二五代を数える。神武天皇の即位が一八一年だとすれば、昭和の末年（一九八八）までで一八〇八年である。これを百二十五代で割って、天皇一人当たりの平均在位年数を出すと十四・五年となる。これが合理的な数字になっているかどうかを、先ず確かめる」（49）（前掲書）

この「単純平均」は文字通り単純に過ぎた。何故なら、践祚の実態や、時代が降るに従って頻発する後継者争いなどが捨象されているからだ。

「天皇の即位年が文献上、ほぼ正確に分かるのは聖徳太子の父君である第三十一代用明天皇からである。そこで用明天皇の即位から昭和天皇の崩御までを計算して、用明―昭和九十四人の平均年数を出すと、十四・九年となる。

ほぼ確実なこの数値に比べると、神武即位を一八一年とする仮説での平均値は〇・四年短いが、古い時代の平均寿命などを考えれば、むしろ歴史の真実を表しているといえる。あえていえば、現実にぴったりの数値が出ているといっていい」(49)(前掲書)

氏は〝ぴったり〟と信じた数値を用いて年代検証に進んでいったが、ここに至り、内包する矛盾の蓄積が顕在化したのである。

「古事記が初めて干支であらわした年、戊寅《つちのえとら》(崇神天皇が亡くなった年　引用者注)と、日本書紀の最初の干支による記録、甲寅《きのえとら》(神武天皇が東征に出発した年　引用者注)が、互いに矛盾なく符合するかどうかである。

第十代の崇神天皇が亡くなった戊寅は、西暦に換算すると三一八年である。先に計算したように、一代の平均在位年数が一四・五年なら、十代前は三一八年から一四五年を引くことになる。答は一七三年である。西暦一七三年というのは、神武天皇が東征に出発する甲寅年の前年にあたっている」(50)(前掲書)

これは正しくない。氏は第十代崇神の崩御年三一八年を起点に、十代の在位年数＝一四五年遡ったのだから、一七三年は「神武天皇が東征に出発する前年」ではなく「神武天皇即位の前年」となる。簡単な計算なので誰にでも分かる。すると、「神武即位は一七四年」となる。

その結果、氏が想定した倭国大乱、「一七四年の甲寅から一八一年の辛酉年」は神武即位後となり、「神武東征と倭国大乱とは関係がない」ことを氏自ら証明したことになる。だが、この計算違いに気付かぬまま次のように断言した。

「結論的にいえば、神武即位を西暦一八一年としても、内外の文献上、矛盾するものは一切なく、従ってこの仮説は成立するといえる」(50)（前掲書）

話は逆であり、氏の仮説は不成立だった。更に理解できないのは、神武東征の一場面を次のように記したことだった。

「岡山の児島（高島）の奥で三年かけて兵をやしなった後、軍船を連ねて、今の大阪市の東部にあった河内の内海に突入する。そして、草香の海岸から上陸して、生駒の山越えで大和に侵攻しようとするが、敵勢にあってあえなく敗退し、紀伊半島への大迂回作戦に切り替える」(40)（前掲書）

「河内が内海」であり「草香が海岸」であったのは四千年以前の「河内湾IIの時代」となる。神武即位が一八一年なら「河内湖Iの時代」となり、この記述は、氏が「大阪平野の発達史」を全く理解していないことを炙り出す結果となった。

## 大和に女王国と皇室が並立した？

氏は、歴代天皇の実在を信じていたが、従来の「邪馬台国畿内論」とは異なる仮説を提示した。それは「邪馬台国東遷」ではなく、〝並立〟なる仮説だった。

「つまり二六六年には、間違いなく倭の女王国は存続していた。そして同じ時期に欠史八代の時代にあたるヤマトの国が、熊野から奈良盆地にかけて存在したのである。もし、倭の女王国が大和を含む畿内（近畿）にあったとしたら、両勢力がある時期、奈良盆地を南北に分けあっていたことになる。つまり邪馬台国と呼ばれた女王国と、天皇（大王）の統治する大和の国が大和平野に並立していたのである」（70）（前掲書）

魏志倭人伝の「その南に狗奴国あり」の狗奴国＝熊野国＝大和朝廷は、奈良盆地の南部にあり、それが北部の邪馬台国と対峙していたとした。天然の要害のない盆地を南北に分割しての対峙は考えづらいが、氏は両国の関係を次のように想定した。

「古事記、日本書紀に女王卑弥呼と壱与の姿がなく、一方の『魏志』倭人伝の邪馬台国に歴代天皇が一人も登場しないとすれば、ここから導かれた結論は一つしかない。邪馬台国と大和は、別個に存在していた没交渉の敵対国だったということである」(86)(前掲書)

だが魏志倭人伝によると、二四七年に狗奴国との間で戦争が勃発した。女王国は窮地に陥り、魏に救援を求めた。その後、次のようなことが起こったとある。

「卑弥呼が死んだ。大きな塚を造った。直径百余歩、殉死する者は奴婢百余人。更に男王を立てたが国が服さない。お互いに誅殺しあい、当時千人を殺した。また卑弥呼の宗女壱与(台与か)という年十三のものを立てて王とすると国中がついに平定した」

奈良盆地で大和朝廷＝狗奴国と邪馬台国とが存亡をかけて戦い、女王が死んだことを理由に、大きな墓を造り、殉死百名を伴う大葬儀が執り行われ、その後、死者千人規模の内紛が起きたとした。そして二六六年、壱与は魏から変わった晋に朝貢する。

その一行は役人が二十人、生口が三十人、山国なのに真珠を五千個も贈ったとあるが、ここからは女王国存亡戦の緊張感は全く感じられない。

八木氏によると、戦いの結末は「第八代孝元天皇が奈良盆地を制圧した」であったが、仮に、奈良盆地で両勢力の激戦が繰広げられたのなら「没交渉」ではない。この戦いが人々の記憶に残り、何等かの伝承が『記紀』に記載されても良さそうなものだが、その時代の『記紀』には、奈良盆地制圧戦争の記述がないばかりか、戦の臭いすら感じられなかった。

ところで氏は、魏志倭人伝の記す「男子は皆黥面文身す」は信じたのだろうか。そうなら、奈良盆地北半分から京都、若狭湾辺りまでの男達は、大人から子供まで皆顔や体に入墨をしていたことになる。或いは、これは不都合なので無視したのだろうか。

## これも徒花「銅鏡から迫る邪馬台国」

銅鏡の研究は、小林行雄が有名だが、その論を支えたデータは既に時代遅れになっており、小林氏の影響を受けたであろう、八木氏の見解に耳を傾けてみよう。

「景初二年（明帝　二三八年）、倭の女王が大夫難升米《なしめ》らを使わし郡（帯方郡）に詣《まい》り天子に詣って朝献するよう求めた。太守劉夏は、役人を遣わし、京都（洛陽）まで送らせた」

これは魏志倭人伝の記述であるが、この時、魏の返礼品に「銅鏡百枚」があり、この印象が強烈だった。氏はその中で、シナの年号に注目した。

「これら百枚の銅鏡には、それぞれに魏の年号が刻まれていたとみられる。景初三年（二三九）から正始元年（二四〇）である」(75)
「現在七面見つかっている景初三年鏡、景初四年鏡、正始元年鏡は、いずれも女王卑弥呼に送られた鏡か、その複製品とみて先ず間違いない」(77)（『古代天皇はなぜ殺されたのか』）

冷静に見渡すと、漢の時代から多くの銅鏡が日本へと流れ込み、古墳や甕棺に埋納され、時代が下ると国内でも銅鏡が鋳造されるようになった。氏は銅鏡の年号に拘り、「みられる」から「先ず間違いない」となり、次のように想定するに至った。

「九州から（魏の年号の入った鏡が　引用者注）一面も出土していないということは、いわゆる邪馬台国九州説には決定的に不利なデータであるとはいえる」(78)（前掲書）

この本は、平成十九年（二〇〇七）に出版されたが、その遙か前、昭和六十一年（一九八六）に宮崎県西都市の持田古墳群から景初四年鏡が出土していた。氏の論拠はこの一事で崩壊していたが、このことに触れぬまま話を展開した。そして京都府南部の椿井大塚山古墳を壱与の墓とにおわせ、『古代からの伝言　日本建国』（角川文庫　平成十九年）で次のように記した。

「その架空の光景にぴったりと見合う古墳が大和の北域、京都府山城町の木津川沿いで見つかり、戦後の昭和期に発掘調査が行われた。（中略）学界が最も注目したのは、三十六面もの銅鏡があらわれたことだった。うち三十二面は、卑弥呼や壱与の時代につくられた三角縁神獣鏡だった。しかも有名な考古学者、小林行雄（京大教授　故人）の研究では、同じ鋳型で創られた複製品が近畿、中国を中心に二十三カ所の古墳から見つかっているというのである。（中略）しかし不思議なことに、大和の南側の同じ時期の古墳からは、これまでの所（三角縁神獣鏡は　引用者注）一面もみつかっていない。おそらくそれは、椿井大塚山古墳の被葬者が地方の首長と政治的関係を結ぶために送ったからに違いなく、逆に神武東征軍が支配していた南大和とは、敵対関係にあったことを示しているのではないか」（275）

だが椿井大塚山古墳（三世紀末）からは、銅鏡と同時に鉄剣、鉄刀、鉄鏃、モリ、ヤス、甲冑、農具、工具、などの夥しい鉄製副葬品が出土した。戦いの最中に武器を埋納することは考えづらく、また女性の墓とも思われなかった。

## 結局は破綻した氏のパラダイム

氏は、「虚報のテクニック」（『新文系ウソ社会の研究』280）の一つ、「部分欠落の手法」を使った疑いが濃厚となった。玄界灘沿岸の甕棺墓から、三十面以上の銅鏡を伴った古墳がいくつか発掘されていることも欠落させたからだ。

特に有名なのが、昭和四〇年頃から発掘された卑弥呼の時代の福岡県前原一号古墳である。そこからは中国鏡三十四面、国産鏡五面（内、国内最大鏡直径四十六・五センチ　四面）、計三十九面が出土し、同時に多くのピアス、勾玉や管玉といった装飾品が副葬されており、この古墳は女性を葬った可能性が高いとされる。

平成九年（一九九七）、奈良南部の崇神天皇陵や景行天皇陵の近くの纏向黒塚古墳から、三十三面もの三角縁神獣鏡と一面の画文帯神獣鏡が出土した大ニュースにも触れなかった。その後、奈良南部の纏向遺跡のすぐ南、茶臼山古墳（三世紀末から四世紀）から、鉄剣、鉄鏃等と共に、多くの砕けた銅鏡片が発見された。橿原考古学研究所が三次元計測を行ったところ、少なくとも十三種類、八十一面の銅鏡があったことが明らかにされた。しかもその中に、正始元年・三角縁神獣鏡の同伴鏡が認められたのである（二〇一〇年、一月七日）。

仮に、銅鏡の枚数や三角縁神獣鏡が発見された古墳を卑弥呼や壱与の墓とするなら、それは奈良平野南部の茶臼山古墳となる。すると、「大和朝廷の根拠地のど真ん中に卑弥呼の墓が造られた」ことになり、「邪馬台国、大和朝廷の並立論」は成立たない。

未発掘の歴代天皇の古墳からは、どれ程の鏡が出るかも知れず、何千枚あるかもしれない銅鏡の枚数や年号を頼りに、邪馬壱国の位置を特定するのは所詮無理な話だった。

ところで何故このような矛盾に迷い込んだのか。それは「大阪平野の発達史」を知らず、持論に不都合な「黥面文身」を避けた事が原因だったのではないか。

「大阪平野の発達史」を知っていれば、二世紀後半の神武東征はあり得ないことは直ちに理解されよう。魏志倭人伝を素直に読めば、奈良盆地北部の人たちだけが顔に入墨をしていたことになるが、そのような文献や考古資料も見当たらない。

歴代天皇の存在を信ずるのは結構なのだが、日本書紀や魏志倭人伝、考古資料が語りかける言葉に耳を傾け、自説に不利であっても最新の銅鏡データを欠落させず、それらに矛盾しない形で古代史を構築すべきだった。

こうして古田氏や八木氏の古代史観も蜃気楼の如く消えてしまった。即ち、先に立てた六つの仮説を棄却することが出来なかった。では本当の古代史像とはどのようなものなのか。その実像に迫る前に、避けて通れない謎を解いておかねばならない。

# 第五章　「銅鐸」と「豊葦原」の謎を解く

## 何故、媛踏鞴五十鈴媛を正妃とされたか

長髄彦との戦いに敗れ、南方《みなみかた》より大阪湾に逃れ出た神武一行は、その後、進軍して紀の国に上陸したが、五瀬命は志半ばで亡くなった。

再び海に出て、熊野方面に迂回して航行中、外洋において暴風に曝され、二人の兄は「ああ我が先祖は天神、母は海神であるのにどうして我を陸に苦しめ、また海に苦しめるのか」と嘆いて海に身を投じた。三人の兄を失ったものの、神武天皇と長男手研耳命《たぎしみみ》らは熊野から上陸、苦戦の末、奈良盆地南部の一角に拠点を築くことが出来たのである。

その後、正妃を定め、初代天皇として即位した様子を、日本書紀は次のように書き記す。

「庚申《かのえさる》の年秋八月十六日、天皇は正妃をたてようと思われた。改めて貴族の少女《おとめ》を探された。時にある人が奏して、〈事代主神（三輪山・大己貴神の子）が、三島溝橛耳神《みぞくい》の女《むすめ》玉櫛姫と結婚されて生まれた子を名づけて、媛踏鞴五十鈴媛命といい、容姿すぐれた人です〉という。これを聴いて天皇は喜ばれた。

九月二十四日、媛踏鞴五十鈴媛を召して正妃とされた。

辛酉の年春一月一日、天皇は橿原宮にご即位になった。この年を天皇の元年とする」

ヤマトの守護神、大物主神の血筋を引く少女との婚姻は、大和の人々に大きな影響を及ぼし

たに違いない。古事記はこの経緯をより詳しく書き記す。

「さて、磐余彦命が日向におられた時に、阿多（吾田）の小椅君《おばしのきみ》の妹のアヒラ比売《ひめ》という名の女性と結婚してお生みになった子に、タギシミミノ命とキスミミノ命の二柱がおられた。けれども更に皇后とする少女《おとめ》を探し求められたとき、大久米の命が申すには、〈ここに良い少女がいます。この少女を神の御子と伝えています。神の御子というわけは、三島の溝樴（摂津三島郡の溝樴神社の祭神）の娘にセヤダタラ比売という名の容姿の美しい少女がありました。それで三輪の大物主の神がこの少女を見て気に入って、その少女が大便をするときに、丹塗りの矢と化して、その大便をする厠の溝を流れ降って、その少女の陰部をつきました。そこで少女は驚いて、走り回りあわてふためき（イススキ）ました。そしてその矢を持って来て、床のそばに置きますと、矢はたちまち立派な男性に変わって、やがてその少女と結婚して生んだ子の名を、ホトタタライススキ比売命といい、またの名を、ヒメタタライスケヨリ比売といいます（これはホトという言葉を嫌って後に改めた名である）。こういう分けで神の御子と申すのです〉と申し上げた」

ホトの原意は女陰であり、それは金属鍛冶用の炉、火窪《ほど》が連想され、踏鞴《たらら》は「ふいご」である。また「五十鈴」とは、後述するように、葦の根から採れる鈴なりの褐鉄鉱を連想させ、神武天皇の正妃は鉄との関係を彷彿とさせる少女だった。また母、セヤタタラ媛も「タタラ」から分かる通り、摂津の製鉄集団の長の少女だった。次田真幸氏はこの話を次のように解説した。

「丹塗りの矢と化した火雷命《ほいかずち》も大物主神もともに雷神と考えられている。雷神は鍛冶職の間では、火の神として信仰されている。一方、ヒメタタライスケヨリ比売の名に含まれているタタラは、製鉄や鍛冶に用いる大型の鞴《ふいご》である。従って、イスケヨリ比売の出自伝承の背後には、鍛冶や鉄器の文化があった、と考えられる」(50)（『古事記（中）』）

昔からヤマトは鉄の産地であることが知られており、神武一行は鉄を求めてやって来たことを暗示する一文が、日本書紀に遺されている。

「昔、伊弉諾尊《いざなぎ》がこの国を名づけて〈ヤマトは心安らぐ国、良い武器が沢山ある国、勝れていて良く整った国〉といわれた。また大己貴大神は名づけて〈美しい垣のような山に囲まれた国〉といわれた」

「良い武器」とは鉄を意味する。神武天皇はそれが沢山ある国を手にし、しかも「鍛冶や鉄器」集団の長、神の子と言われた少女を正妃に迎えたことになる。

かつて司馬遼太郎は、『街道をゆく　砂鉄の道』で次のように述べていた。

「神武天皇というのは無論架空の存在であるが、日本書紀に出てくるその皇后の名が面白い。姫蹈鞴五十鈴姫ということになっている。名からすればタタラ技術集団の親分の娘といった印象なのである」

古事記も読めば、本名は「ホト」であり、何故「ホト」なる名をつけたのか、何故「五十鈴」があり、それが「タタラ」と組み合わされていたのか気付き、古代史の真実に近づけたかも知れなかった。だが司馬は、歴史学界の定説を鵜呑みにし、神武天皇を「架空の存在」としたため想像力はここで途切れた。夫が架空なら妻も架空となるからである。

実は、『記紀』には鉄にまつわる話が色濃く織り込まれており、鉄を抜きに古代史を理解することは殆ど不可能と言って良い。

## ヤマトは「鉄」の適地だった

奈良盆地南東部に位置する標高四六七メートルの三輪山は、その端正な姿からヤマト一円の人々から、神の山として崇められてきた。この大神《おおみわ》神社には拝殿はあるが本殿はない。それは山そのものがご神体＝本殿であるからだ。では何故、山がご神体なのか。

日本列島には南九州から四国、紀伊半島を通り、諏訪に至る中央構造線と呼ばれる断層が通っており、この断層に沿って鉄、銅、水銀などの貴重な鉱床が多数存在する。

四国の別子銅山が有名だが、この断層の通る紀伊半島山中からは、丹、辰砂、水銀、鉛丹（赤色顔料）がとれ、各地に丹生神社が祀られている。そして三輪山からは鉄が採れた。

「樋口清之氏によると、この山の山麓扇状地は、はんれい岩の風化によって出来た灰黄色粘土混じりの細砂からなり、中に多数の雲母と含鉄石英砂が混在し、鉄分の多い、はんれい岩の部分は酸化発色しているが、これらから鉄の精錬は可能であるといわれる。

事実、西南麓には金屋遺跡があり、ここからは前期縄文土器が発見されていて、もっとも早く拓けたところと判明するが、注目すべきは弥生時代の遺物と共に、同層位から鉄滓や吹子の火口、焼土が出土していることである。

鉄滓は製鉄時にできる文字通りの鉄の滓であるから、それが発見されるということは、必ずその付近で製鉄が行われていたことを示すわけで、だからこそ〈金屋〉と称したのであろう。また山本博氏によると、三輪山の山ノ神遺跡からも刀剣片と思われる鉄片が出土し、穴師兵主には鉄工の跡が見られるという。

従って、三輪山が古代の鉄生産に関わる山であり、この山を神体山とする大神神社の祭神、倭《やまと》大物主櫛《くしみかたま》玉命、即ちオオナムチの神が、産鉄製鉄に関わる神であることは実証でき

ることになる」(35)(真弓常忠『古代の鉄と神々』学生社二〇〇八)

こうなるとヤマトの民が農耕に不可欠な鉄を産み出す山、そして原生林故、農業や砂鉄選鉱に不可欠な水を産み出す三輪山を神聖視したのも当然だった。この辺りの人々は砂鉄や褐鉄鉱を用いた製鉄を行っていたと思われるからだ。

砂鉄によるタタラ製鉄は、先ず砂鉄を含む山を選ぶことから始まる。この山を鉄穴《かな》山、砂鉄を取る作業を鉄穴《かんな》流し、と言い、そこで働く人々を鉄穴師《かなし》と呼ぶ。これは砂鉄を含む砂を繰り返し水に流すことで、鉄分の多い砂鉄を得る選鉱手法である。

三輪山の北麓を流れる巻向川の北は、今も〝穴師〟と呼ばれ、そこに大兵主(穴師座兵主《あなしざひょうず》)神社が祀られているから、この辺りで穴師(砂鉄選鉱と製鉄集団)が鉄を造り、兵主(鉄加工集団)が武器、農具などの製作に従事していたに違いない(図―16)。

製鉄には、砂鉄以外に木炭が必要であり、木炭を得るには豊かな森林が不可欠となる。

「鉄鋼一トンを得るためには、砂鉄十二トン、木炭十四トンが必要であったといわれる。従って昔の人がやったタタラ一回で得られる大塊を二トンとすれば、砂鉄は二十四トン(中略)、木炭二十八トンのためには、薪は百トン近くを切らねばならなかったに相違ない」(65)(桶谷繁雄『金属と日本人の歴史』講談社学術文庫)

図－ 16 － 1　大神神社遠景

図－ 16 － 2　大兵主神社

図－16－3　大神神社周辺地図

即ち、大掛かりなタタラ一回で一山が丸裸になるほど木を切らなければならず、回復可能な森林資源がなければ継続的な製鉄は困難だった。わが国では古来より森が大切にされ、シナや朝鮮のように山が丸裸になることはなく、三〜四十年たてば山は回復して行った。

こう見ると、神武天皇一行が目指したヤマトとは、森林、水、砂鉄に恵まれ、良い武器が沢山得られる条件が整っていたのである。

## 「大己貴神・発祥の地」の重み

真弓氏によると、出雲大社に祀られている大国主命とは、大和の大神神社のご祭神であるオオナムチの神（大己貴神・大穴牟遅神）であるという。

氏は、『出雲国造神賀詞《いずものくにのみやつこかむよごと》』といって出雲の国造が新任のとき、朝廷に出向いて出雲の神からの祝いの言葉の中に、「オオナムチの神が出雲の杵築《きづき》に祀られるにあたり、自らの和魂《にぎみたま》を大物主と称して三輪山に祀ったことが記されている」とし、両者の関係を次のように語った。

「神話では、出雲地方は大きく取り扱われているが、出雲地方が開けたのは、考古学の上からは五世紀代以後と見られるのに対して、三輪山周辺には三、四世紀の古墳が存在しているから、オオナムチの神の発祥の地は出雲ではなくて三輪山付近で、出雲の国造となった出雲氏の本貫（出身地）の地も三輪山西南の出雲という地で、オオナムチの神を奉じて出雲地方に移住したのであるという説（田中卓氏）や出雲は神々の流竄《るざん》の地であるという説（梅原猛氏）もある。これをどう考えるかが大きな課題であった」（21）（『古代の鉄と神々』）

確かに三輪山の南に「出雲」なる地名があり、遺跡年代からして、人々はこの辺りから製鉄技術を携えて山陰の出雲に渡って行き、山間部から勢力を伸ばしていったと考えられている。それは、大己貴神の説話は砂鉄が豊富な山間部を中心に分布し、この神が、まつろわぬ八十神たちを征伐、東出雲から西出雲を統合し、出雲大社に大国主命＝大己貴神を祀るに至ったから、というのである。実は、三輪山の神は出雲のみならず、日本中の大己貴神の発祥地となり、大己貴神、「大いなる穴＝鉄に座す尊い神」は日本中に祀られているという。

例えば、岡山県津山市にある美作《みまさか》国一宮、中山神社は金山彦神を祀るが、元は大己貴神を祀っていたという。物部肩野乙丸（『旧事本紀』の天孫本紀にはニギハヤヒノ命の十四世孫）が、大己貴神を奉じて製鉄に関わっており、近郷の糘山《すくも》には七〇以上の製鉄遺跡が発見されている。即ち、物部氏一族は大己貴神を奉じ、美作地域の製鉄集団を支配していたと考えられる。

また『天孫本紀』によると、軍事氏族である物部氏の石上《いそのかみ》神宮は、かなりの製鉄部民を支配していたという。

更に『播磨国風土記』によると、火明命《ほあかり》は大己貴神の子神となり、物部の祖神・ニギハヤヒノ命と尾張氏の祖神・火明命が同神のようになっているという。すると大己貴神は物部と尾張の親神となり、神武天皇が大神神社の神の御子を后とされた意味は、限りなく大きくなる。

## わが国の青銅器はなぜ儀器化したか

日本とトルコとの共同研究によると、アンカラ郊外の王墓から発見された鉄剣は隕鉄＝隕石から造られた世界最古（四三〇〇年前）の剣だった。その後、鉄は紀元前一八〇〇年から前一二〇〇年にヒッタイトに伝わり、鉄の武器を手にした彼らは巨大な王国を築いた。

この製鉄技術は、中央アジアのタタール人を経由してシナに伝わった。シナでは西周（前一〇五〇―前七七一）以降に鉄を造り始め、武器や農具として一般化したのは春秋戦国時代（前七七〇―前二二一）になってからである。彼らの鉄は、主に鋳鉄（鉄鉱石を溶かして鋳型に流し込む鉄器）だった。

古い話だが、司馬遼太郎、有光教一、林屋辰三郎の鼎談、『日本海圏文明を考える』（昭和五十年　一九七五）に耳を傾けてみたい。（カッコ内　引用者注）

有光　弥生文化でもう一つ重要なのは金属文化です。それを代表するのが青銅製の剣・矛・戈などの兵器です。それは直ちに実戦に使えた鋭い兵器であったのに、日本の弥生人はそれらを儀器化（祭祀に使う道具）しました。（半島や大陸の）鋭利なものを手本にしながら、（武器としては役に立たない）鈍くて大型の剣や戈を造ったのが面白いところと思う。

司馬　そうすると、朝鮮半島での銅器というものは、やはり兵器ですか。

有光　これは鋭いので、実戦用の兵器と思います。北九州には兵器として役立った鋭い物もあるけれども、それを広鉾にしたものが沢山でるわけですね。

司馬　なぜ広鉾にしたのでしょう。

有光　一つの考え方は、鉄の文化の採用と云いますか、（当時の日本人は）鉄の兵器を知っていたから、青銅の兵器は儀器化してもかまわんわけです。実際には日常の小刀は勿論、兵器も鉄で造ることは出来たわけですから。

司馬　だから最初に弥生式を持ち込んで農耕をした人の農具というのは木器が主でしょう。

有光　木器的鉄器なんですね。木器であり鉄器です（木器の先に鉄を付けた鋤や鍬）。

司馬　青銅器は日本に来ると儀器になり、弥生式農耕文化は鉄器と共に始まった、そう思って良いわけですね。

有光　そう思いますね。

シナや朝鮮では実用品であった青銅器が、わが国に入ると改鋳され、儀器になったのは「水田稲作と同時に鉄があったからだ」と専門家は確信していた。すると「鉄」に至るには、青銅器の門も通らなければならなくなる。

## 銅鐸・広鋒《ひろさき》銅矛はなぜ作られたか

青銅器文化はメソポタミアで生まれ、前三千年紀にシナに伝わった。殷から周を経て前九世紀初め頃、北シナや満州各地に普及、前八世紀の初めになると遼東から朝鮮半島でも使われるようになる。そして春秋時代が青銅器の最盛期となる。ではわが国はいつ頃青銅器を知ったのだろう。

最古の事例としては縄文晩期、山形県三崎山遺跡から出土した青銅製の刀子（小刀）があげられる。また福岡県今川遺跡などから、夜臼式期から板付Ｉ式期の青銅製の鏃とノミが出土したが、それらは舶載品と考えられている。

つまり縄文晩期からその時代の人たちはシナを通じて青銅器を知り、使い、弥生時代になると、西日本各地で青銅器の加工が行われるようになる。実際、吉野ケ里を始め北部九州の遺跡から、多くの青銅製品の鋳型や製品が出土している。

佐賀県柚井本村遺跡からは、同時代のシナや朝鮮にも類例のない逸品が発掘された。それは木製の鞘の表面に縄文時代から継承されている漆の技法を使って、濃い碧色のメノウを飾り付けた玉飾漆鞘だった。

他にもシナや朝鮮では作れなかった貝紫染めの糸を用いた絹織物、「倭錦」が作られ、日本の交易品であったガラス製品の工房跡も北部九州、岡山、大阪などから発見されている。つまりこの時代、倭国はシナをも凌ぐ工芸技法を持っていたことになる。

青銅器工房は近畿地方にも広がり、和歌山県堅田遺跡から前三世紀頃の青銅器溶鉱炉跡が発見された。直径六〇～七〇センチのドーム型の炉辺壁には、送風用の筒を嵌めた炉壁片も残っており、青銅器を鋳造するに十分な一一〇〇℃が得られたと専門家は推定している。

また前八～七世紀に成立した奈良の唐古・鍵遺跡からは、大量の銅鐸、銅剣、銅戈、銅鏃の鋳型片が発掘され、ここは近畿地方の青銅器文化の中心地だった。

二〇〇九年、生駒山の西麓、東大阪市の弥生中期前半の鬼虎川遺跡からは、石鏃、石剣に交じって銅鐸、銅剣などの鋳型が出土した。同時に台式土偶が出土したから、この先進的な金属製造集落にあっても、縄文時代の祭祀習俗が継続していたことが分かる。

先の鼎談、『日本海圏文明を考える』では銅鐸が話題となっていた。

林屋　もう一つの青銅器である銅鐸の問題がありますね。(中略)そうすると朝鮮の東海岸、あるいはもう少し北よりの地域のものがおそらく銅鐸を伝えたのだと思います。
有光　それはちょっと困るんです…

司馬　朝鮮南部には馬鐸はあまり出ませんか。

有光　北でも南でも出ます。ただ馬鐸は小さなもので日本の銅鐸のような大きなものはでません。祭器的だと云われるのは賛成です。ただ、鐸だけを、日本ではなんであれほど大きく、あれだけ沢山造ったかということですね。

日本はシナや朝鮮とは異なる文化圏だった。別の行動原理が働いていたから、銅鐸の起源を朝鮮に求めようとしても無理な相談だった。歴史学者や考古学者が〝お手上げ〟というのも、銅鐸の出土状況が異様だったからである。

一、畿内の銅鐸は二世紀に最も盛になるものの、急激にその伝統が途絶えてしまう。
二、その殆どが谷の斜面や山腹に、埋められた状態で発見される。
三、住居跡から出土した事例がない。
四、銅鐸はそのままの形であったり、壊されていたりして埋納されている。

「楽器だった」、「祭祀に使われた」などと聞くが、何の目的で、どのような祭祀に使われたのか。その道の専門家といわれる人からも納得できる説明を聞いたことがなかった。

銅鐸以外に広鋒銅矛も出土しており、一体、誰が、何のために、これら実用価値無きものを大量に作ったのか皆目見当が付かなかった。

## 近畿は銅鐸圏・九州は銅矛圏なる謬論

かつて和辻哲郎は、九州を銅剣・銅矛文化圏、近畿を銅鐸文化圏と呼び、爾来、弥生時代はこの二つの文化圏が対立してきたように思われてきた。

その為か、平成三年から四年にかけて佐賀県本行遺跡で、紀元前後の中広形銅矛、銅戈の鋳型と二世紀頃と思われる銅鐸鋳型と銅鐸一点が出土した事実が、何故か無視されてきた。例えば、安本美典氏は、和辻や栗山周一の論などを援用して次のように考えた。

「神武天皇東征の伝承は、邪馬台国東遷の史的事実を中核としたものと思われる。（中略）大和の人々に銅鐸についての記憶が絶えたのは、銅鐸を持つ大和の先住民が三世紀の後半に神武天皇に滅されたためであろう」(183)（『邪馬台国と高天が原伝承』（勉誠出版　平成十六年）

古田武彦氏も次のように理解していたが、『記紀』を読めば分かる通り、「殺し尽くした」とは程遠く、神武一行は何とか大和盆地南部の一角に拠点を築けた程度の話だった。

「要するに大和へ出て、不意をついて銅鐸圏のリーダーたちを殺し尽くしたということを

古事記・日本書紀ともに自慢して書いてある」(149)(『古代通史』平成六年)

その後、奈良の唐古・鍵遺跡や河内の鬼虎川遺跡から銅鐸、銅剣、銅戈の鋳型が同時発掘され、「銅矛圏が銅鐸圏を滅ぼした」や「殺し尽くした」なる推定が「誤」であることを裏付けた。だが氏の見方は変わらず、イザナギ・イザナミの二神が天つ神から賜った「天の沼矛」神話を拠所に、次のように論じた。

「先の〈矛の独占する国土創生神話〉は、ズバリいえば、銅矛圏の中で産み出された神話である(銅矛出土の中心は筑紫、特に博多湾沿岸とその周辺)。ことに〈銅鐸の一片のかげさえ認めることの出来ない矛の独占支配〉という点からすれば、(中略)純粋な銅矛圏を原点として産出された神話だ」(4)(『盗まれた神話』平成二十二年)

そして「二つの青銅器圏」なる図を載せ、「矛の神話」が産み出された理由を自問、近畿から出土する銅鐸の話が『記紀』に残っていない理由を自答し、力んだ。

「答えは一つだ—後に天皇家という古代権力の主導した社会は、この銅鐸を宝器とする社会とは全く異質の、相容れざる祭祀圏であった。

図－17　埋められる呪具（島根県荒神谷遺跡の銅剣・銅矛埋納坑）
（日本の時代史1「倭国誕生」吉川弘文館P 39）

それゆえ、旧来の〈銅鐸を巡る神話・説話群〉は、新しい権力（天皇家）によって根絶されてしまったのだ、と。私には、そう考えるほか道はない」（33）（前掲書）

だが、この書が上梓される数十年前の昭和六十年、島根県の荒神谷遺跡から七キロ程離れたところから、六個の銅鐸と十六本の銅矛が同時に発見された（図―17）。

長野県中野市柳沢遺跡からは、紀元前二世紀頃の銅鐸四個分の破片と七点の銅戈が、切っ先を千曲川に向けて埋納されていた。

この考古事実は、近畿を中心とする銅鐸文化圏と北部九州を中心とする銅剣・銅矛文化圏なる和辻以来の見方を否定した。両者が「相容れざる祭祀圏」なら、同時埋納はあり得ないからだ。

実は、考古資料だけではなく、古事記などの「天の石屋戸《いわやど》」の条も、和辻、安本、古田氏の論を否定していたのである。

## 鐸も矛も『古語拾遺』に書かれていた

古事記の「天の石屋戸」の条には、石屋戸に引きこもった天照大神を引出し奉るために、「天の金山の鉄《まがね》を取りて、鍛人天津麻羅《かぬちあまつまら》（製鉄職人）を求《ま》きて、」とあった。だが、鉄を何に用いたのかは書いていなかった。訳注者の次田真幸氏は「この下には、剣を作らせることが語られていたのが、省かれたのであろう」とした。

そこで、大同二年（八〇七）、斎部広成が平城天皇に撰上した『古語拾遺』を開いてみた。『記紀』に納められなかった伝承をまとめたこの書には、省かれた一文が載っていたのである。

「天目一箇神《あめのまひとつのかみ》をして雑《くさぐさ》の刀《たち》・斧及鉄《くろがね》の鐸《さなぎ》をつくらしむ」

同書の補注には、「天目一箇神の〈天〉とは現世とは異郷の鉱山師に冠する。〈目一箇〉とは、文字通り目一つ。熔鉱の温度を見るために火処《ほど》を目一つで見つめ、長い間に片目になってしまう、一種の職業病にかかった鉱山師を〈異形の人〉として神と崇めた」とある。そして、アメノウズメ命の舞う様子を次のように記していた。

「手に鐸《さなき》着けたる矛を持ちて、…巧みに俳優《わざおき》をなし、相ともに歌い舞わしむ」

鐸の読みは「さなき」であり、説明文には「大鈴なり」とあるから、鐸＝大鈴を付けた矛を持ち、打ち鳴らしながら踊ったことになるが、この矛も鉄矛と考えるしかない。

ご覧の通り、天孫族の神話にも「矛」と「鐸」が同時に出てくるから、「矛」と「鐸」は「相容れざる関係」ではないことが分かる。但し、銅矛や銅鐸ではなく、鉄矛、鉄剣、鉄鐸だった。

わが国の古代史では〝鉄〟は色濃いが〝銅〟は希薄なのだ。事例を挙げてみよう。

①古田氏が引用した、イザナギ・イザナミの二神が天つ神から賜った「天の沼矛」は鉄矛に違いない。それは日本書紀の神武天皇の条、「昔、イザナギ尊が〈日本《やまと》は良い武器が沢山ある国〉と言った」とあるからだ。わが国では銅《あかがね》の武器はあり得ない。

②「天の石屋戸」では「天の金山の鉄をとりて」とあるように、神代の昔から製鉄が行われていた。それを用いて鉄鐸が造られた。

③神話の世界で、スサノオ命がヤマタノ大蛇《おろち》に挑んだのも十拳剣《とつかのつるぎ》だった。大蛇の中ほどの尾を切るとき「刃こぼれした」とあるから鉄剣だったことが分かる。

④この大蛇の尾から出てきた剣が「草なぎの太刀」だった。十拳剣が当たって「刃こぼれした」とあるから、これも鉄剣だった。

実は、北部九州からも数多くの銅鐸が発見されており、「銅鐸の一片のかげさえ認めることの出来ない」なる旧説は、とっくの昔に破綻していたのである。

## 松本清張の『銅鐸と女王国の時代』を読む

昭和五十八年（一九八三）にＮＨＫから出版されたこの書の「まえがき」で、清張は次のように切出した。安本、古田両氏は、このことを知らなかったのだろうか。

「一九八〇年、九州・佐賀県鳥栖市安永田で銅鐸の鋳型が見出されたことは、これまでの学会の通念ないし常識を打破るものとして、考古学界・歴史学界に大きな衝撃を与えることとなった。のみならず。教科書の記述を書き直すほどの大発見として、古代史ファン、一般市民の間にも、多くの関心と話題を惹起したのである」

この発見を受け、銅鐸研究で名高い佐原眞氏は次のように述べた。

「晴天の霹靂とでもいうのだろうか。九州で銅鐸の鋳型が見つかったという第一報に接した時は、全く驚き、耳を疑った。驚き以外の何ものでもなかった」（2）

「安永田の鋳型発見に続き、一九八二年春、福岡市博多区席田《むしろだ》赤穂ノ浦遺跡からも銅鐸の鋳

図－18 吉野ヶ里遺跡出土銅鐸（総高 28cm）
（２世紀：佐賀県教育委員会所蔵）

型が発見された。こうして北部九州で銅鐸が鋳造されたことはいよいよ確かとなった」（7）

実は、戦後の早い時期から銅鐸型の土製品、小銅鐸が発見され始め、中でも春日市大南遺跡出土の小銅鐸は、鐸の祖形ではないか、といわれていた。

平成十年（一九九八）には佐賀の吉野ケ里遺跡から銅鐸が発見され（図—18）、その後、板付遺跡からも銅鐸が発見された。

現在では福岡県や佐賀県を中心に四〇もの銅鐸や銅鐸鋳型、鐸形土製品が発見されるに至り、もはや話題にもならなくなった。つまり、北部九州で銅鐸の生産と埋納祭祀が行われていたことが実証され、北部九州を銅剣文化圏、近畿を銅鐸文化圏とする見方はとうの昔に否定されていたのである。

すると、その記憶が途絶えたのは、銅鐸文化圏が「銅剣・銅矛文化圏からやってきた天皇家によって根絶された」のではなく、「必要性が消えて久しいために記憶の底に沈んでしまった」

と解釈する方がより正しい。何しろ名古屋周辺からも多くの銅鐸が出土しており、この地は「天皇家により根絶された」どころか、近しい関係にあったのに、その記憶も途絶えていたからである。

では何故、銅鐸や広型銅矛が記憶の底に沈んでしまったのか。この謎を解くカギは〝鉄〟に在ったのである。

## 「葦の根」から褐鉄鉱が採れた

古事記は、わが国を「豊葦原の瑞穂の国」と記しているが、どのような意味なのだろうか。「瑞穂の国」は理解できるが、「豊葦原」が分からなかった。

例えば、次田真幸氏は『古事記（上）』で、「葦原は稲の生い茂るに適した国土をいう」（65）としたが、それなら単に「瑞穂の国」で良いではないか。

広辞苑第三版は「日本国の美称」、「神々の世界＝神祇では、神代より三種《みくさ》の宝伝はしりて豊葦原とぞなるとある」とした。「三種の神器が地上を巡ることで豊葦原が出来上がったと伝えられ、その葉は〝玉葉〟なる美称で呼ばれていた」というが、葦原が何故美称で、葦の葉が何故「玉葉」なのか。新村出を始め、広辞苑の編著者もサッパリ分からなかったに違いない。

銅鐸や広鋒銅矛ばかりではない。「豊葦原」なる言葉は残ったが、その意味も私たちの記憶の底に沈んでしまったのである。

この話も殆ど忘れられているが、かつて長野県の蓼科一帯は「諏訪鉄山」と言われる鉄鉱石の産地だった。鉄鉱石は現在のビーナスライン・旧蓼科有料道路に敷設された鉄道を使って搬出され、昭和四年から昭和三十八年まで本格的な製鉄が行われていた。

この鉄鉱石は植物の根から生み出された褐鉄鉱が主だった。そこに生育する葦の根などから長い間に褐鉄鉱が生成、蓄積され、この辺りは一大鉄山となっていたのである。

「葦の根から鉄鉱石がとれるだって?」は当然の疑問であるが、古代の人は褐鉄鉱団塊が水辺に層をなすことを知っていた。

これらをスズと称し、万葉集は信濃の枕詞として「みすず苅る」も用いる。ミスズは、スズが特産であり、それを使って製鉄していた信濃を言い表している。当時から鉄は貴重品であり、その意味で貴重な原料、スズに「ミ」をつけたのであろう。

諏訪大社の社伝には、「鉄鐸は往古、神使の巡回に使用された宝鐸」であるという。また、祭りにこれを振り鳴らしたというから、古語拾遺の鉄鐸と一脈通ずるものがある。古代の製鉄に関与した社、それはスズの生成を願ってのことだった。同時に、古来よりスズを用いた製鉄が盛んに行われていたことが浮び上がってくる。

実は、古代日本は製鉄原料に事欠かなかった。火山地帯の河川や湖沼は鉄分が豊富で、水中バクテリアの働きで葦の根からは褐鉄鉱が鈴なりに生ったからだ。

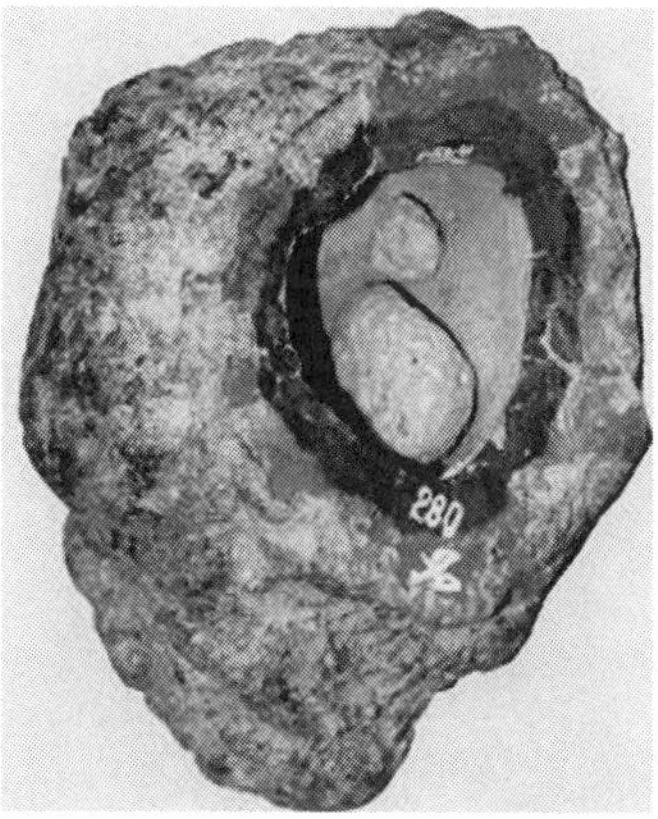
①褐鉄鉱石内部（中は空洞、小片が見つかることもある）

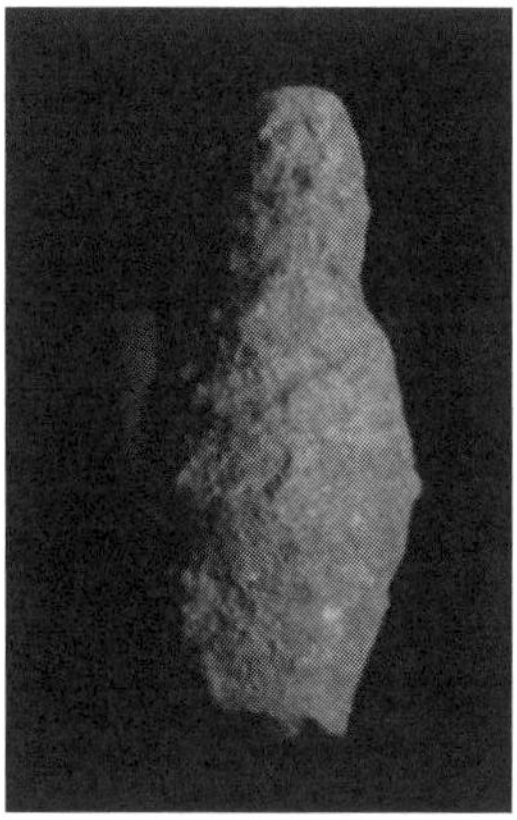
②外観（何処か銅鐸に似ていないか）

図ー19　高師小僧（ネットより）

では何故、鈴なり＝鈴と云うのか。

世に、振ると音のする鈴石や鳴石というものがある。これも沼沢や湿原に生える葦などの根に形成された褐鉄鉱であり、水に含まれる鉄分がバクテリアの働きで葦などの根を包むように成長し、形成されるが、この褐鉄鉱は時に内部の根が枯れて消滅し、内部の鉄材の一部が剥離し、振ると音を出すことがある。鈴石などと呼ばれる所以である（図―19①）。

そして葦などの根に楕円、管状になった褐鉄鉱＝スズが密生した状態が「すずなり＝五十鈴」の原義であった。

豊橋市高師原の高師小僧も、葦などの根に長い年月を経て生成し、産み出された鉄鉱石だった。これを横にすると何処か銅鐸に似ているように思えないか（図―19②）。

唐子・鍵遺跡から出土した褐鉄鉱の宝石箱の内部には二つの勾玉が入っていた。この辺りでも褐鉄鉱が使われていた一つの証と考えられる。

尾張からも多くの銅鐸が出土している。名古屋市朝日遺跡からは、前四世紀中頃以前とも言われる最古級の石製銅鐸鋳型が発見された。この地は、神武天皇により攻め滅ぼされた訳でもないのに、その記憶は歴史の流れの底に沈殿し、二度と浮び上がってこなかったのである。

## 「豊葦原・鐸・広矛」の意味はこうだ

ここに至り、「豊葦原」の意味が分かった、といって良いだろう。わが国では神代の昔から鉄が作られ、人々は製鉄職人を崇め、最初の原料はスズ＝褐鉄鉱であった。

当時の人々は、「葦原」はスズを生み出す源であることを知っていた。従って、「豊葦原」とは、「貴重な褐鉄鉱を生む母なる葦原」という意味なのだ。

そして葉が茂るほど、根に多くの製鉄原料＝スズが産み出されると信じられていた。葦の葉が「玉葉」なる美称で呼ばれた所以であり、それが各地から出土する広鋒《ひろさき》銅矛で象徴されたと考えて良い。

高知県西部の四万十川上流、窪川町の高岡神社には五本の広鋒銅矛があり（図―20）、それを担いで村々を回る祭りがあるとのこと。今は忘れられているその本義は、葦の玉葉が生い茂るのを祈り、葉が茂ればその根にスズが沢山生み出される、それを願って行われたに違いない。

図－20　高知県高岡神社の広鋒銅矛
(『図説日本の古代』第３巻中央公論社 P117)

また鐸とは「大鈴なり」とあるように、鈴石の象徴、これを打ち鳴らすことで葦の根にスズが鈴なりに産み出されることを祈ったのだろう。そして、祭器としての矛や鐸は、古くは神話にあるように鉄が使われていたが、青銅器を知るに及んで、加工しやすく、実用価値の低い青銅を用いるようになって行った。このような考えに逢着したのである。

太古、「豊葦原」から産み出されるスズから鉄を造り、その鉄を使った農具で開墾し、「瑞穂の国」を造る。この両者は、古代より豊かな国の礎、両輪と認識されていた故に、わが国の美称となったのである。では天孫族の故地、日向の地で、鉄にまつわる神話が生まれる素地があったのだろうか。

## 日向では砂鉄から鉄を得ていた

樋谷繁雄氏は『金属と日本人の歴史』において次のように述べている。

「鉄鉱の還元（製鉄）の原始的方法は、アフリカの奥地の先住民の中に残っているが、それは次のような方法をとっている。地面に穴を掘り周囲を石で硬め、そこに岩鉄と燃料を入れて鞴で熱する。出来た海面上の鉄を叩いて種々の用途に供するため加工がなされる。わが国における〈野ダタラ〉もこれに類したものであろう」(52)

実は、わが国でも砂鉄や褐鉄鉱を製鉄原料とした露天タタラが行われていた。その証拠、鉄滓が日本各地の弥生遺跡から見つかっている。鉄滓とは、砂鉄や褐鉄鉱から得られた還元鉄のうち、不良品として捨てられた文字通り「鉄の滓《かす》」であった。

日高祥氏は、日向の地からも夥しい鉄滓が発見されていたことを記していた。

「褐鉄鉱石は、（中略）葦の根に付着する溶性鉄分がおよそ十三年かけて成長する。従って水溶性鉄分が多い火山地帯では、早く成長するので早鈴という名がつく。（中略）鈴や筒などの褐鉄鉱石は、質は悪いが七〇〇〜一〇〇〇度程度で還元でき、初期の比較的簡単なタタラ溶鉱炉で使われた。初期のタタラ溶鉱炉は、粘土で仕切りの簡単な壁を造っ

ただけのもので、自然の風を利用したという」(190)(『史上最大級の遺跡—日向神話再発見の日録—』文芸社　二〇〇三)

わが国の「野ダタラ」は、褐鉄鉱や砂鉄と乾燥木材や炭を交互に積み上げ、谷から山に向かって吹き上がる季節風＝自然踏鞴を利用した。それだけで鉄を取り出すことが出来た。また、日向の地には褐鉄鉱、砂鉄、タタラの神様を祀った神社があちこちにあるという。

「日南市大字板敷字十文字にある田ノ上八幡神社の祭神、踏鞴五十鈴姫命は〈たくさんの鈴を溶かす溶鉱炉〉のことである(元はこの近くの春日大明神の祭神)。このように鉄の神々がおられたことは、鉄の地名と密接な関係もあって〈天孫降臨の目的は鉄〉をさらに裏づけることになった。いや確定したと言っても過言ではない。また、住吉神社はここから全国に行ったとされている。日向の製鉄は最古級であったことがこれで分かる。では何故それ程発展したのか。それは筒や鈴が何処よりも多かったからである。宮崎は火山国、水溶性鉄分が多く、隆起を続けてきたので、堆積層が何処よりも多く残った」(196)(前掲書)

日本列島は火山地帯にあり、山、川、海から砂鉄が採れた。氏は、宮崎市では十三、西都市では七、延岡市では七ヶ所の砂鉄産地を特定し、日向では砂鉄を用いた製鉄も行われていたことを突き止めていた。

即ち、この地では砂鉄を用いた製鉄も行われていたから、天孫族はこの技術を会得していた可能性も否定できない。古事記の神話、「天の金山の鉄を取りて…」がそれを表している。

## なぜ銅鐸は埋納されたか

『古代の鉄と神々』に於いて、真弓氏は当時の人々の精神生活を次のように想像した。

「弥生時代の民は、鉄を求めることが切実であって、そのためスズの生成を待ち望み、生成を促進させるために呪儀をおこなった。どうしてこのようなもの（褐鉄鉱団塊）が出来るのか、古代人にとっては不思議な、しかし有難いシロモノであった。音の発することも不思議であり、それは神霊の声と聴かれた。そこでこの模造品を作ってスズの出来そうな湖沼を見渡す山の中腹の傾斜地で、これを振り鳴らしては仲間のスズの霊を呼び集め、あるいは地周に埋納して同類の繁殖を祈った。それが鈴であり鐸であった」（65）

では、銅鐸は何故地中に埋納されたのか。

「鉄を求めてスズの生成を待ち望んだ弥生時代の民は、鈴や鐸を振り鳴らして仲間の霊を呼び集めるだけではあき足らず、同類を模造して地中に埋祭したのである。銅鐸の出土地の顕著な特徴は、湖沼や湿原に面した傾斜地であることもその間の事情を物語るものであろう」(67)（前掲書）

「製鉄原料のスズを求めた〈祭祀の料〉としてであった」(91)（前掲書）

〈祭祀の料〉というと「神主への謝礼」と理解されるが、そうではなく、褐鉄鉱を司る「地中の神様への供物」という意味なのだろう。だからこそ、祭祀に伴い、葦原が見渡せる場所を選び、葦の葉を象徴した広鋒銅矛も、時に同時埋納されたと考えられるのである。

これが原義であったが、「願いごと」という意味で様々な変化が生じた。例えば、高岡神社のように村々を巡ることもあり、棺に納められることもあり、銅鐸を造ることが目的となり、美術品として競うようになり、より美しく、大きく、本来と異なる方向にも変化して行ったこともあった。

氏は、「時代が進むにつれ、鉄の需要が増し、褐鉄鉱団塊が使い尽くされてゆき、製鉄材料を得ることが切実である故に、このような祭祀が行われたのではないか」とした。

そして出雲に銅鐸や広矛が密集埋祭された理由を、「それは各地でスズを採りつくした末、ここに残存した最後の密集地であったからであろう」としたが、諏訪鉄山には掘り尽くせない鉄鉱石があったのだから、この見方は中らない。

## 天日槍・王仁・韓鍛の実像とは

真弓氏は、弥生時代の末期、銅鐸や銅矛祭祀が消えた理由を次のように想像した。

「製鉄の原料を得るためには鉄穴《かんな》流しの方法による砂鉄採集の技術を会得したこと、特に三世紀代よりの、天日槍《あめのにぼこ》らの名で象徴される帰化系技術者（韓鍛冶）の渡来によって技術革新がなされ、さらに大量の鉄鋌《てってい》（鉄の素材）も輸入されるにおよんで、沼沢・湿原の葦などの根にスズが生るのを気永く待つ必要がなくなったからに他ならない。製鉄技術の革新が、弥生時代の銅鐸祭祀の終焉と古墳時代の始まりを告げるのである」（91）（前掲書）

だが日本書紀は、垂仁天皇（実年二四二～二九〇年）の条に次のように記すのみである。

「三年春三月、新羅の王の子、天日槍が来た」

「日本の国に聖王がおられると聞いて、自分の国を弟知古に授けてやってきました」

彼は技術者ではなく、日本に憧れ、玉、小刀、桙《ほこ》、鏡、神籬《ひもろぎ》を持って来た王子だった。三国史記と照らし合わせると、天日槍は但馬出身の新羅王（＝倭人）の子孫だからこそ、彼は日本語を話し、神籬を持って故郷へやって来た、可能性も否定できない。

応神天皇（実年三九〇～四一〇年）の十四年、百済王は縫衣工女《きぬぬいおみな》を奉ったとある。

同十六年に書首《ふみのおびと》の先祖、王仁がやって来たと書かれている。だが、韓鍛《からかぬち》がやって来たとは何処にも書かれていない。従って、日本書紀の編著者は韓鍛を意識していなかったと思われる。

古事記を開くと、応神天皇の条に次なる記述があった。


「天皇は百済国に〈もし百済に賢人がいたら献ように〉と仰せになった。そこで詔を受けて献った人の名はワニキシ（王仁）という。そして直ちに論語十巻と千字文一巻と、合わせて十一巻をこの人に託してすぐに献上した」


だが「千文字《せんじもん》」とは、南朝の梁の武帝が六世紀に周興嗣に命じて漢字千字を用いて二五〇句を作らせたものであり、年代が合わず、古事記のこの記述は誤りである。

また王仁は百済人ではない。その根拠を幾つか挙げてみよう。

先ず、朝鮮民族の正史、三国史記や異説を集めた三国遺事には、王仁に比定しうる人物が登場しない。従って、王仁は百済人ではないことが分かる。

その時代、〝王〟なる一字姓は百済では用いられていなかった。一字姓は、新羅による半島統一後、シナの属民である証に創氏改名してからのことである。

家柄を高めるために、【新撰姓氏録】には、王仁の出自は漢の帝室とのこと。だが、津田左右吉によると、当時は自の出自はシナ、シナの高貴な身分だった、との偽りが横行したというから、日本人であっても、この話の真偽は定かではない。

古今和歌集には王仁作なる歌が収録されているというが、そうならシナ人であったかも疑わしくなる。王仁に続いて韓鍛が登場する。

「また卓素という韓鍛を献上した。同時に、呉国系の機織女の西素二人を献上した」

応神天皇の詔は、「賢人がいたら献ように」だったから、百済が韓鍛と機織女を奉ったのはオマケのようなものだった。では、天皇は何故「韓鍛を献れ」と詔しなかったのか。

それは、日本では垂仁天皇の御代の百年以上前から、砂鉄を用いた製鉄が行われており、その必要がなかったからに違いない。

## 砂鉄が銅鐸祭祀を忘れさせた

その証として、日本海に面する丹後半島の扇谷遺跡があげられる。これは弥生前期末から中期始め（前一〇〇年頃）の環濠集落であり、この濠の底から碧玉、メノウ、ガラスの管玉などと共に板状鉄斧や鉄滓も出土した。これら鉄製品は砂鉄から造られたと考えられており、日本は程なく鉄の大量生産時代に突入する。

森浩一氏は、弥生中期（前一〇〇年〜一〇〇年）に量産された近畿地方の石鏃が、後期（一〇〇年以降）に急変するとした（『図説日本の古代』第3巻、中央公論社）。

「ところが弥生後期になるとほとんど石鏃はなく、鉄鏃の使用に急変する。しかも鏃は消耗性格の強い武器であり、それが急速に鉄器化した。余程の鉄の量があったのであろう。弥生後期の鉄鏃は、その形状から見て殆どが日本列島で製作されている」（146）

それを裏付けるかのように、平成二十一年（二〇〇九）、兵庫県の淡路島北側の標高二〇〇メートルにある垣内《かいと》遺跡の建物二十三棟の内、十二棟から鍛冶工房跡が発見された。これは西暦五〇年から二三〇年頃の集落であり、鉄鏃や鉄斧など百二十点もの鉄材が出土し、高温作業を行っていた跡も残っていた。

垣内遺跡は鉄素材や炭などを安定的に入手していたことになるが、鉄素材は主に吉備からもたらされたのではないか。それは吉備の枕詞が「まがね吹く」であり、ここからは群を抜く製鉄遺跡と製鉄炉が発掘されているからだ。

この時代は実年で垂仁天皇の御代と重り、日本書紀の「剣、一千口《ちふり》を造らせられた。それを石上神宮に納められた」も現実味を帯びてくる。

わが国では百済が「韓鍛を献上」する遥か前、弥生時代後期から鉄鉱石や砂鉄を用いた鉄の大量生産時代に突入していた。この製法の普及により、褐鉄鉱を用いた製鉄は次第に廃れ、スズの生成を祈る銅鐸と銅矛を用いた祭祀の意味が希薄になっていったに違いない。

そして、砂鉄タタラが本格化した二世紀前葉から埋納祭祀が行われなくなり、何時しか記憶の底に沈み、忘れ去られた。

その名残が社頭にある大鈴だった。神社に鈴があり、「願いと共に鈴を鳴らす」のも、遡れば「スズの生成を祈る」ことに繋がるのか、と納得した次第であった。

## 「鉄」は何時から使われたか

序ながら、鉄器の実年代に触れてみよう。次の新聞報道に興味をそそられたからである。

「弥生時代の始まりが五百年早まるとする衝撃的な研究成果を公表した国立歴史民族博物館の今村・春成両教授らのグループが二十五日、東京都世田谷区の日本大学で開かれた日本考古学協会総会で、正式に発表。発表通りだと、中国より日本の鉄器技術が進んでいる可能性があることなどの点で、参加した研究者から多くの異論や疑問が続出した」（平成

十五年五月二十六日　産経新聞）

わが国で、シナと同時代から鉄が使われたことになっては、何か不都合なことでもあるのだろうか。シナは鋳鉄、日本は野ダタラ、鍛鉄、そもそも製鉄方法が違うのだから、あり得る話ではないのか。ところが春成氏は、わが国の鉄の年代を繰上げるため、従来の「鉄の発掘と調査」に疑問を投げかけたのである。

先ず、最古と言われている熊本県斉藤山遺跡（前七七〇年以前）の鉄斧について、シナからもたらされた鋳造品であることを認めつつ、この遺跡が傾斜地にあることから、「上から下への土砂の移動により、古い地層に紛れ込んだものだろう」とした。だが、山形県三崎山遺跡から縄文晩期・殷の青銅製刀子が出土している。遠方の山形が殷と交流していたのだから、九州から鋳造鉄斧が出土しても何ら不思議はない。

次いで、福岡県曲り田遺跡（前七七〇年以前）の住居跡から出土した板状鉄斧頭部は鍛造品である故に、「発掘の間違い」ではないかと疑った。同県の今川遺跡（前六〇〇年頃）からは鉄鏃が発掘されている。この鏃が鍛造品であることに疑問を呈し、氏は「別時代の製品が混入したのではないか」とした。無論、根拠はない。

氏は、「わが国の鉄はシナから移入された鋳鉄から始まる」と信じていた。春秋時代は鍛鉄などないのだから、シナより早く、技術的レベルの高い鍛鉄は何かの間違いと決めつけた。

わが国のような酸性土壌の場合、特に鍛造品の腐食は早く、土中に埋没した鉄は痕跡を残すことなく消えてしまう。そこで木材の加工痕から鉄器の存在を推定する方法も行われてきた。氏は、この研究を行ってきた宮原晋一氏（橿原考古学研究所）の「佐賀県菜畑遺跡・福岡県ツイジ遺跡では弥生早期〜前期前半の杭に鉄器による削り跡が認められる」という報告を紹介した上で、「弥生早・前期に、そこまで鉄器が普及していたであろうか」と疑問を呈した。

反証を挙げることなくケチを付ける言いようは、較正炭素14年代を守る強弁の印象が強い。それでも、確かな例として山口県豊浦町の山の神遺跡から発見された鉄を挙げている。

「石川日出志氏と設楽博己氏は、弥生時代の鉄器で最も古い確かな例として山口県豊浦町山の神遺跡出土の鋤先を挙げている（中略）。袋状の貯蔵穴の底から、弥生前期末ないし中期初めの土器と一所に見つかっており、両者の関係は間違いないだろう。

なお、鉄器は使うと歯が摩滅したり欠損したりして切れ味が悪くなるので、砥石で刃を研ぐ必要がある。鉄器の刃を研ぐための目の細かい砥石が現れるのは弥生前期末・中期初めからとされているので、鉄器の出現と符合している」（158）（『弥生時代の実年代』学生社）

そして「炭素14年代では、弥生中期（Ⅱ期）の始まりは前三九〇〜三四〇年頃にくる」（159）という。では半島南部の鉄はいつ頃現れるのか。

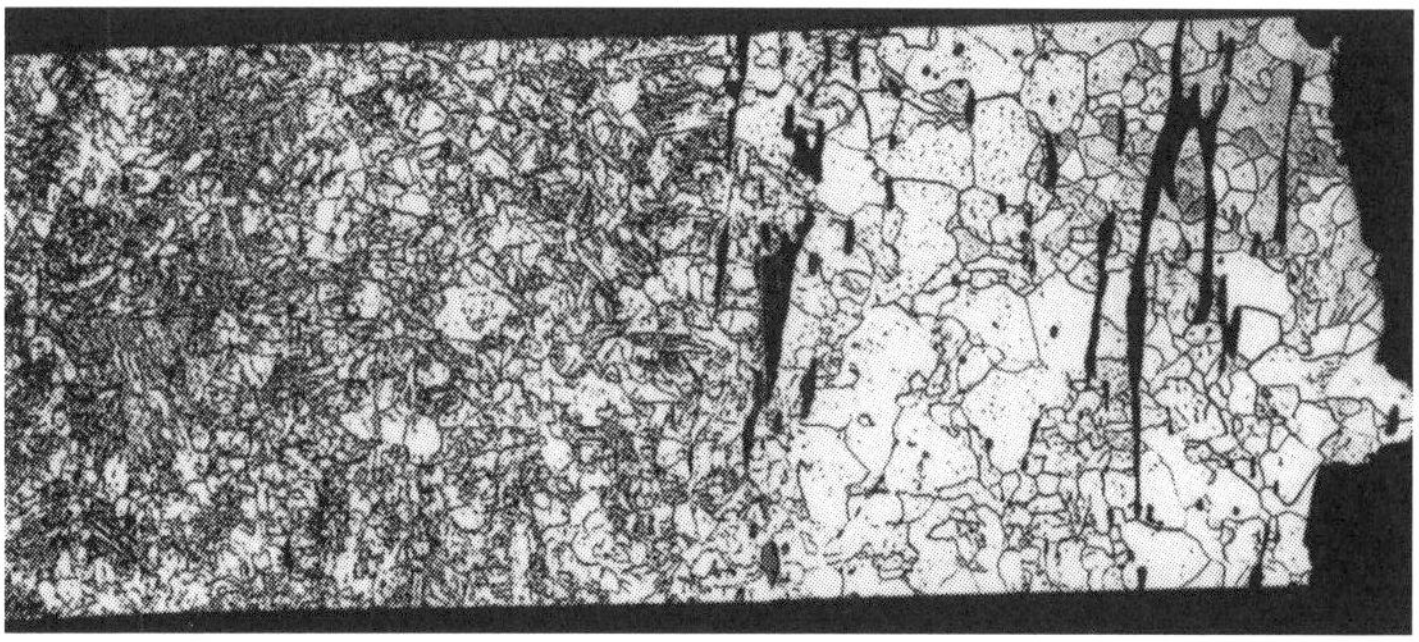

図ー21　「合わせ鍛え」の鉄（左端と右側は全く違う硬度の鉄で造られている）
柏原精一『図説邪馬台国物産帳』河出書房新社Ｐ 74

「韓国の李南珪氏（韓神大学校）は、半島南部に鉄器が現れるのは（中略）、戦国時代燕国の系統の鋳造鉄器であることを認めつつ、おおよそ前三世紀と推定している」(155)（前掲書）

すると山の神遺跡出土の鋤先の方が百年近く早いことになる。曲り田遺跡や今川遺跡の鉄から分かる通り、シナや朝鮮が鋳鉄の時代、わが国では鍛鉄を作っていた。考古学界では、日本はシナや朝鮮より遅れている、なる先入観が巣くっているが、それは誤りだった。

例えば、弥生時代中期以降になると日本でしか造れない大型鉄戈が登場する。

長崎県大村市の富の原遺跡の甕棺からの鉄戈は、硬度の異なる材料を合わせた「合わせ鍛え」（図—21）の技術で造られていたが、この様な鉄器はシナや朝鮮では作れなかった。当時の日本はシナや朝鮮を凌ぐ最先端の鉄器製造技術を有していたのである。

## 空疎な祭祀学の限界

筆者は真弓氏の著作から多くの知見を得たが、どこか空疎な印象を受けていた。読み進めるにつれ、次なる一文に接し、意外な感に打たれると同時にその訳が分かったのである。

「神武東遷説話は稲作文化の東遷を物語るものである、とするのがかねての私見であるが、神武天皇、即ち、〈カムヤマトイワレビコ〉（神日本磐余彦）というのは〈神聖な大和の磐余の地の日の御子〉の意で、元々大和の国の首長であり、またの名をワカミケヌと言うことにも伺われる〈御食〉の神であった。五瀬命も〈厳稲《いつせ》〉であり穀霊である。五瀬命の戦死は一つ穀霊の死によって若々しい新生の穀童の出誕を期待したものとすることができる。こうした稲種のもたらされた次第を物語としては、神武東遷として語られているのであるが、稲作文化の背景には鉄があった」（163）（『古代の鉄と神々』）

氏は、神武東征を信じていなかった。そればかりか『記紀』の鉄に関する話に一切触れなかったことが空疎の原因だった。では氏の私見に合理性があるか検証してみよう。

先ず、日本書紀の神代下は、神武天皇の諱《ただのみな》、狭野尊について次のように記す。

「一書（第一）にいう。狭野というのは年少《わか》くいらっしゃった時の名である。後に天下を平らげて八洲を治められた。それでまたの名を加えて神日本磐余彦尊というのである」

すると、東征し、即位するまでは狭野尊と呼ばれていたことになり、磐余彦を捉えて「元々大和の国の首長」なる見方は中らない。

また、わが国の水田稲作は北部九州で始まり、東へと伝わったことが炭素14年代により確認されている。すると「稲作文化の東遷」なら、神武東征の出立地は北部九州となるべきだが、『記紀』の記す出立地は日向だった。氏の私見は考古学的事実と相違しており、「稲作文化の東遷」は成り立たない。

次いで、神武東征とは、皇紀前六六〇年、実年では前七〇年代の出来事である。ところが、日本の水稲栽培は前一〇世紀以前であるから、稲作文化の東遷年代も一致しない。即ち、氏の私見とは史書や考古資料に裏打ちされたものではなかった。

論理的根拠を示さぬまま、「元々大和の国の首長」とし、日向から出立した東征ルート各地に残る神武伝承を閑却し、どう読めば「稲作文化の東遷」となるのか理解不能だった。

『古代の鉄と神々』の奥付を見ると、氏の専門は祭祀学で皇学館大学名誉教授、且つ住吉大社宮司とあった。このような方が『記紀』の核心、神武東征を絵空事として宮司が務まるのだろうか。よもやご祭神の神功皇后の実在は否定しないだろうが、伊弉諾《いざなぎ》尊が黄泉の国から戻り、海で穢《けが》れを洗い清めたときに生れた底筒男命、中筒男命、表筒《うは》男命についてはどうか。少々心配になった次第である。

では、真弓氏のような方からも疑念の眼で見られてきた日本書紀は、科学的、論理的な検討に耐えられるだろうか。

# 第六章　古代天皇の在位年を解明す

## 一人の記憶から書かれた『古事記』

古事記によると、その成立は、壬申の乱を征した第四十代・天武天皇（六七三年即位）が次のように思い至ったことに始まるという。

「天皇が仰せられるには、〈私の聞くところに依れば、諸家に伝わっている帝記及び本辞には、真実と違い、或いは虚偽を加えたものが甚だ多いとのことである。そうだとすると、この時にその誤りを改めておかないと、今後幾年も経たないうちにその正しい主旨は失われてしまうに違いない。そもそも帝記及び本辞は、国家組織の原理を示すものであり、天皇政治の基本となるものである。それ故、正しい帝記を撰んで記し、旧辞を良く検討して誤りを削除し、正しいものを定めて、後世に伝えようと思う〉」（25）（『古事記（上）』）

「帝紀」とは歴代天皇の御名、皇后の名称、后妃、皇子、皇女の御年、御陵などの系譜を中心とする記録のことであり、「本辞」（＝「旧辞」）とは、神話・伝説・歌謡物語など、伝承された物語を内容とする記録と言われるが、これらは現存しない。

「その頃、天皇のお側に、氏は稗田《ひえだ》、名は阿礼《あれ》、年二十八歳になる舎人が仕えていた。この人は生まれつき聡明で、一目見ただけで口に出して音読することが出来、一度聞いたことは記憶して忘れなかった。そこで天皇は阿礼に仰せられて、帝皇の日継（歴代天皇）と先代の旧辞とを繰り返し読み習わされた。しかしながら天皇が崩御になり、時世が移り変わったので、その計画を実行されるに至らなかった」（26）（前掲書）

その後、元明天皇が即位し、和銅四年、臣安万侶に次のよう詔を下した。

「稗田阿礼が天武天皇の勅令によって誦み習った旧辞を書き記し、書物として献上せよと仰せられたので、謹んで仰せに従って事細やかに採録した。

しかし上古においては、言葉もその内容も素朴で、書き表すとなると漢字の用い方に困難があった。全て漢字の訓（漢文）で記した場合は、漢字の意味と言葉の意味が一致しないことがあり、全部漢字の音（万葉仮名）を用いると記述が大変長くなる。そこである場合には音と訓を混用し、ある場合は注を加えて分かり易くした。（中略）およそ書き記した処は、天地開闢《かいびゃく》から第三十三代推古天皇の御代までである」（31）（前掲書）

　こうして和銅五年（七一二）、元明天皇に献上された。神武天皇の皇子、神八井耳命の後裔と伝えられる太安万侶《おおのやすまろ》は、「序」でその意義を次のように記している。

「歴代天皇の政治には、緩急の差があり、派手なものと地味なものとの違いはあるけれども、古代のことを明らかにして、風教道徳の既に衰えているのを正し、現今の姿を顧みて、人道道徳の絶えようとするのに参考にならぬものはない」(19)(前掲書)

その意義は、「風教道徳の衰えている今の世を正すには、過てる歴史を廃し、正しい歴史に学べ」だった。

## 十二名が四〇年かけ完成した『日本書紀』

では日本書紀は如何にして成立したのか。実はこの史書には古事記のような「序文」がないため、成立過程は推測するしかない。以下、『国史大系書目解題　上巻』(吉川弘文堂　昭和四十六年)の坂本太郎氏(國學院大學)の解説を参考に記してみたい。

わが国最古の正史であり、古典中の古典、日本書紀によると、天武天皇はその治世十年(六八一)に「帝紀および上古の諸事記録・校定を命じた」とある。これが大極殿に川島皇子以下十二人の皇族・貴族を集めて正史の作成を命じた記録と考えられている。

天皇は、稗田阿礼一人に頼る危うさから、より客観性を持たせるため、十二人に国史編纂を託されたと思われる。そして、四十年の後の七二〇年、第四十四代元正天皇に奏上されたこの書は、古事記完成後、八年もかけて検証を行った末に完成したことに意味と価値がある。また正史を意識した為、次の点に特徴がある。

①歴代の事績について、説くところが遙かに詳しく且つその期間が長きに亘っている。
②外国との交渉について、時に微細にわたるまで多くの筆を費やしている。
③用いた資料の豊富なことは古事記の比ではない。
④国の正史としての体裁を保つのに骨折っている。

国の正史を書く以上、年紀は絶対条件である。日本書紀には欽明天皇十四、五年（五五〇年頃）に暦博士の渡来が見えるから、その頃からはシナの暦を用いて年紀を組み立てたが、その前は濃淡はあるものの「春秋年」が生きていた可能性が高い。

史料の扱いは、一事について異説のある場合、そのまま列挙して読者の判断に任せるという態度をとり、勝手に判断し、賢しらに振る舞うことを戒めた。この謙虚さは、現代の古代史関係者と著しく異なる特徴といえる。ではどんな史料を使ったのか。

その根幹は「欽明天皇の頃に筆録された」とされる帝記、次いで旧辞である。他に、地方の伝承記録、政府の記録、個人の手記や覚書、寺院の縁起、それに大和朝廷の屯倉の記録である。

外国史料として参考にしたものが、シナの漢書、後漢書、三国志などであり、その年紀とわが国の年紀との整合性を保とうとしたことが、卑弥呼と神功皇后とを同時に採録したことなどから知ることが出来る。この頃の帝紀は「春秋年」を用いていたが、日本書紀の編著者はそれを意識していなかったことを後程明らかにしたい。

朝鮮民族の正史、三国史記が完成したのは日本に遅れること四百年も後の十二世紀だった。そこで日本書紀の編著者は、大和朝廷の宮家、百済の百済紀、百済新撰、百済本紀を援用した。この中で最古の書が百済紀であり、神功皇后、応神、雄略の条に引用されている。

百済紀は日本を貴国《かしこき》と書き、天皇・天朝という語も使っている。百済本紀も天皇の号、日本という国号を使い、天皇に最大の敬意を払っていた。それは、わが国の後ろ盾があればこそ、百済は存続できたことによると思われる。

従って、歴史書としての信憑性は日本書紀が勝るが、日本書紀の学問的研究は、古事記や万葉集に比べると立ち後れているという。それは、戦前は潤色美化され、戦後は逆に貶められ、真実の姿が私たちの目に触れないよう操作されて来たからではないか。

では『記紀』とはどの様な書なのか。戦前は『記紀』を否定したとしてマルク主義者から喝采を浴び、戦後は、時の権力者に迎合した戦後史学や歴史学者を批判した津田左右吉の目を通して、そのあらましを知っておきたい。

## 『記紀』は歴史的事実を現す

津田（明治六年―昭和三十六年）の本名は「親文」、岐阜県出身で中学教員を務めながら東京帝大の白鳥庫吉に師事し、今の早稲田大学の教授となった。

昭和十四年（一九三九）、氏の著した『古事記及び日本書紀の研究』、『神代史の研究』、『日本上代史研究』、『上代日本の社会及び思想』は、右翼思想家から出版法違反の告発を受け、結局は免訴になったものの氏は法廷に立たねばならなかった。

では氏の「古代史観」とはどの様なものなのか。それを山本七平氏の『日本人とは何か　上』（ＰＨＰ）の【津田左右吉博士の卓説】を通して見てみよう。氏は「今読むと実に懇切丁寧な上代日本の社会及び思想の解説になっている」としていたからだ。

「津田博士は日本書紀や古事記は歴史的事件の記述ではないが歴史的事実を現している、といわれ、この二つの関連を、源氏物語を例に説明されている。

源氏物語は小説で登場人物も事件も全てフィクションだから歴史的事件の記録ではない。しかしそれは平安朝の貴族の社会及び思想がなければ存在し得ない。即ちこの小説の背後にある社会及び思想という歴史的事実が示されている。

そしてこの関係は日本書紀、古事記も同じだが、小説（創作された話　引用者注）ではなく説話（伝承された口承の物語　引用者注）である、と津田博士は主張する」（49）

七平氏は「ではその背後にどの様な歴史的事実があったのか。膨大な公判記録の中から、津田が指摘している点を箇条書きしてみよう」と津田の見方を紹介する。

「(一)日本民族のこの島において生活してきた歴史が非常に長いということを考えなければならない。そこで日本民族のこの島に移住してきたのは非常に古い時代であること。今日我々に知られている限りに於いては、日本民族と同じ人種のもの、同じ言語を使っている民族は他にないと云うこと。これだけは事実として明かなことであります。

(二)日本の民族性を考え、また上代の歴史を考えるに最も必要なことが一つあると思います。それは日本人が遊牧生活をしたことがないと云うこと。

(三)どうして生活をしたかと申しますと、その程度は幼稚でありましょうけれども農業生活をして居ったと考えられます(勿論、狩猟、漁撈、採集は併用されていた)。文化の程度は上代に於いては無論低いのであります。

(四)なお日本が島国であるということが一つの大きな事実であります(言うまでもないが太古に於いては海を越えての大挙移動は不可能)。従って異民族との争闘ということが有りませんでした。

こういう生活が長く続き、その生活の座を背景に様々な説話が生まれてくる。その特徴を

見ると上代の歴史的事実が分かる。勿論これは歴史的事件のことではない」（49）（前掲書）

津田は、文字記録が残せなかった時代、人の記憶を後に文字にしたものだから、「歴史的事件の記録として認めることは出来ない」とした。次いで、様々な説話を突き合わせて文字記録としていったプロセスを「幾度も潤色せられ或は改変され」と表現したが、これは誤解を受けやすい言いようであった。

戦後の占領下、多くの歴史学者や教育者などが、次々に転向して行った時代、津田は『日本古典の研究　上』（一九四六）で自らの考えを披歴した。

「それ（『記紀』）に見えてゐる思想や風俗が物語の形成された時代の厳然たる歴史的事実であることは勿論、全体の結構の上にも、それを貫通している精神の上にも、当時の朝廷及び朝廷において有力なる地位を持ってゐた諸氏族の政治観、国家観が明瞭に現れてゐるのであるから、さういふ人々の思想に依存してゐる国家形態の精神を表現したものとして、それが無上の価値を有する一大宝典であることは言ふまでもなく、従つてそれに含まれてゐる一々の物語が実際に起こった経過を記したものでないといふことは、毫も此の点に於ける記紀の価値を減損するものではない。

古事記およびそれに応ずる部分の日本書紀の記載は、歴史ではなく物語である。そうして物語は歴史よりも却って良く国民の思想を語るものである」

## 上代は「平和だった・単一民族だった」

『記紀』とは、無味乾燥の歴史的事件の記録でなく、物語であるからこそ「無上の価値を有する一大宝典」としていた津田は、上代を次のようにスケッチした。

「上代の人間に於いて語り草となっていることはやはり戦争であります。子供が戦争の話しを喜ぶのと同じように、上代人の一番面白く思うことはやはり戦争の話しであります。ですから、何処の民族の上代の歴史を見ましても、或いは叙事詩のような文学上の作品を見ましても、その大部分は戦争の話しであります。戦争の話しならば多くの人が面白くそれを語り伝えるのであります。処がわが国の上代に於いては余り語り伝えることがないのであります。ないと云うことは、平和であるということであります。昔のことが分からなくなったと云うことは、何であるかというと、平和な生活をしてきたと云うこと、戦争が少なかったということであります」(50)(『日本人とは何か　上』)

綏靖天皇から開化天皇まで、事績が記録されていない故、「闕史八代」と呼び、多くの歴史学者は「天皇が存在しない証拠」としてきた。だが津田は「平和だった、戦争がなかったから書くことがなかった」と解した。ではどの様にして国家統一をなし遂げたのか。

「皇室が如何にして国家を統一遊ばされたか、ということの話しが余り伝わらなかったということも、やはり武力を以て、即ち戦争の手段を以て圧伏をせられるということもなかった。平和な上代に於いて、次第に皇室の御威徳が拡がっていった、こういう状態であるとしますれば、語り伝えるべき著しい変異と云うものがありませぬ。変異がないということは、即ち極めて平和の間にそういう国家の統一が行われたということになるのです」（51）（前掲書）

津田は皇室を崇敬していた。その心根が言葉使いから伝わってくる。次に氏は、シナ文献からみた日本を紹介した。

「シナの記録に現れているように、小さな政治勢力が幾つもあったということと、ずっと後になって地方的豪族が世襲的に領地を持って居った、ということの間には、連絡があるのであります。即ち日本民族が民族としては一つであり、民族的には共同な生活を致しておりますが、政治的には小さい政治勢力が幾つも存在して居った、ということが推測せられるのであります」（51）（前掲書）

では大和朝廷はこれらの小勢力を次々に打倒して日本を統一したのかというと、津田氏はそうは考えず、何等かの文化的優位性をもって他の政治勢力を服属させていったとした。

「それは徐々のことであり、一時のことでないと云うことは、先刻申し上げましたように、武力征服をなされたならば、それは急激にその領土は広げることが出来るのであります。日本の国家統一の状態は武力征服でなかったと考えられるのであります。国家の範囲に入るものが段々に多くなってきた、という風に考えますと、それは長い年月を要します。東の方のことは良く分かりませぬが、西の方のことは大体検討がつくのでありまして、シナの記録と照らし合わせて見まするると、九州の北部が大和の国家の範囲に入ったのは四世紀の初め頃ではないか、こういう風に推測されるのであります」(52)(前掲書)

## 津田の「天皇実在論」の弱点とは

長い引用になったが、それは筆者が大筋で津田の見方に納得しているからだ。だが、ここまで津田の古代史観を引用した七平氏は唐突に次のように述べた。

「第十代の崇神天皇は実在の人物としても、それ以前を史実と見ることは難しく、通常これを闕史時代という」(128)(『日本人とは何か　上』)

氏は長々と引用した津田の史観をあっさり捨て去り、神武から開化天皇までの存在を否定した。何故、「この時代は平和だった、書くことがなかった」としなかったのか、思えば不思議な話しだった。それは津田が次のように見ていたからである。

「処で天皇についでは記紀の記載が皆一致してゐるから、この点からは問題が起こらない（中略）。だから綏靖天皇から開化天皇までの歴代に物語が一つも無いといふことは、その歴代の天皇の存在を疑ふべき、少なくとも強い根拠にはなりかねる」（『日本古典の研究　上』）

津田は歴代天皇の実在を信じていた。だが、七平氏はもとより、多くの国民を納得させることは出来なかった。その主因は、「百歳を超える天皇が何人もいる」ことに合理的な説明を加えることが出来なかったからではないか。

直木孝次郎氏のように、皇紀＝西暦として「日本書紀はデタラメだ」と言って飯を食っている方がいることは確かである。筆者が強く惹かれたのは、皇紀≠西暦は確実として、では皇紀を実年に換算すると何年になるのか、であった。だがこの命題に対する回答は昔から困難だったらしく、今まで古代天皇の在位年を実年で記した書物に巡り合ったことがなかった。

しかし、神武東征年代が「河内潟の時代」であることが分かり、歴代天皇の実在を疑う理由も消えたと言って良い。では皇紀と実年の関係はどうなるのか。次にこの命題を解き明かしてみたい。

## 崩御年・在位年から分かること

日本書紀の編著者が、おそらくは疑問を持ちながらも、帝紀にある年紀をそのまま採録したことが読者に疑念を抱かせる結果となったが、同時に解決の手がかりにもなったのである。

「神日本磐余彦天皇《かむやまといわれびこのすめらみこと》の諱《ただのみな》（実名）は、彦火火出見《ひこほほでみ》という。鸕鷀草葺不合尊《うがやふきあえずのみこと》の第四子である。母は玉依姫といい、海神《わたつみ》豊玉彦の二番目の娘である」

「四十三年春一月三日、皇子神渟名川《かむぬなかわ》耳命を立てて、皇太子とされた。七十六年春三月十一日、天皇は橿原宮で崩御された。年百二十七歳であった」

これは神武天皇の系譜であり、安閑天皇までの系譜の要点を記すと次のようになる。但し、「在位年」や「在位年数」は皇紀であり、前代の天皇崩御年の翌年を起点としたから、実際の在位年数とは若干の誤差が生ずる御代のあることをご承知おき願いたい。

皇紀在位年　同在位年数

| | | | |
|---|---|---|---|
| 第一代 | 神武天皇は四人兄弟の末子 | BC六六〇〜五八五 | 七十六年 |
| 第二代 | 綏靖天皇は神武天皇の第三子 | BC五八一〜五四九 | 三十六年 |
| 第三代 | 安寧天皇は綏靖天皇の嫡子 | BC五四九〜五一一 | 三十八年 |
| 第四代 | 懿徳天皇は安寧天皇の第二子 | BC五一〇〜四七七 | 三十四年 |
| 第五代 | 孝昭天皇は懿徳天皇の太子 | BC四七五〜三九三 | 八十四年 |
| 第六代 | 孝安天皇は孝昭天皇の第二子 | BC三九二〜二九一 | 一〇二年 |
| 第七代 | 孝霊天皇は孝安天皇の太子 | BC二九〇〜二一五 | 七十六年 |
| 第八代 | 孝元天皇王は孝霊天皇の太子 | BC二一四〜一五八 | 五十七年 |
| 第九代 | 開化天皇は孝元天皇の第二子 | BC一五八〜九八 | 六十　年 |
| 第十代 | 崇神天皇は開化天皇の第二子 | BC九七〜三〇 | 六十八年 |
| 第十一代 | 垂仁天皇は崇神天皇の第三子 | BC二九〜AD七〇 | 九十九年 |
| 第十二代 | 景行天皇は垂仁天皇の第三子 | AD七一〜一三〇 | 六十　年 |
| 第十三代 | 成務天皇は景行天皇の第四子 | 一三一〜一九〇 | 六十　年 |
| 第十四代 | 仲哀天皇はヤマトタケルの第二子 | 一九二〜二〇〇 | 九年 |
| | 神功皇后（摂政） | 二〇一〜二六九 | 六十九年 |
| 第十五代 | 応神天皇は仲哀天皇の第四子 | 二七〇〜三一〇 | 四十一年 |
| 第十六代 | 仁徳天皇は応神天皇の第四子 | 三一三〜三九九 | 八十七年 |

| | | | |
|---|---|---|---|
| 第十七代 | 履中天皇は仁徳天皇の第一皇子 | 四〇〇〜四〇五 | 六年 |
| 第十八代 | 反正天皇は履中天皇の同母・弟 | 四〇六〜四一〇 | 五年 |
| 第十九代 | 允恭天皇は履中天皇の同母・弟 | 四一二〜四五三 | 四十二年 |
| 第二十代 | 安康天皇は允恭天皇の第二子 | 四五三〜四五六 | 四年 |
| 第二十一代 | 雄略天皇は允恭天皇の第五子 | 四五六〜四七九 | 二十三年 |
| 第二十二代 | 清寧天皇は雄略天皇の第三子 | 四八〇〜四八四 | 五年 |
| 第二十三代 | 顕宗天皇は履中天皇の孫 | 四八五〜四八七 | 三年 |
| 第二十四代 | 仁賢天皇は顕宗天皇の同母兄 | 四八八〜四九八 | 十一年 |
| 第二十五代 | 武烈天皇は仁賢天皇の皇太子 | 四九八〜五〇六 | 九年 |
| 第二十六代 | 継体天皇は応神天皇の五世の孫 | 五〇七〜五三一 | 二十五年 |
| 第二十七代 | 安閑天皇は継体天皇の長子 | 五三一〜五三五 | 四年 |

このデータを見ると、第十四代・仲哀天皇を除き、第十七代・履中天皇以降に在位年数の短い天皇が出現するようになる。その原因の一つが、神武天皇以来、皇室の原則であった末子相続が崩れたことと関係する。

例えば、天皇が三十歳の時に末子が生まれ、天皇が六十歳で崩御した場合、位を継いで天皇になった末子は三十歳となり、そのまま六十歳まで生きれば「在位三十年」となる。

また二十歳で長子が生まれ、天皇が六十歳で崩御した場合、位を継いで天皇になった長子は四十歳となり、そのまま六十歳まで生きても「在位年数は二十年」になってしまう。これでは即位年齢が高すぎ、その後、皇后や妃を選んでも多くの子が生まれるかは定かではない。

天皇即位前に生れた子は必ずしも太子（将来皇位を継ぐべき皇子）とはならないが、末子相続なら天皇の即位年齢が若くなり、即位後の皇后や妃から生れた子は正真正銘の皇子となる。つまり末子相続には合理性があったと考えられる。

時代が下り、皇族が増えることで天皇の地位を巡って争いが起き、或いは兄から弟への践祚の場合、在位年数が短くなるのは当然だった。履中天皇以降の年数がこのことを実証している。このデータは、歴代天皇の実年を知るには、安本美典氏や八木荘司氏が行った「単純平均」ではなく、日本書紀に添って判断するしかないことを教えてくれる。

## 天皇長寿は「春秋年」にあった

『記紀』から年代特定に必要なデータを抽出し、一覧にしたものが（表―1）である。これを基に分析と考察を加えて行く。

表の左端から、①歴代天皇の代位、②天皇謚号、③古事記の崩年干支、④同、崩御年齢、を記し、次に、⑤日本書紀の記す崩御年齢、⑥同、崩御年、⑦同、即位年、⑧在位年数、を記した。

| | 実年(推定西暦) | | | | | |
|---|---|---|---|---|---|---|
| | ⑨ | ⑩ | ⑪ | ⑫ | ⑬ | ⑭ |
| 代位 | 崩御年齢 | 在位年数 | 修正在位年数 | 単純即位年齢 | 修正即位年齢 | 推定崩年 |
| | d | e=c/2,c | | f=d-e+1 | | |
| | | | | | | -70 |
| 1 | 63.5 | 38.0 | 38.0 | 26.5 | 26.5 | -33 |
| 2 | 42.0 | 18.0 | 18.0 | 25.0 | 25.0 | -15 |
| 3 | 28.5 | 19.0 | 14.0 | 10.5 | 15.5 | -1 |
| 4 | 38.5 | 17.0 | 17.0 | 14.5 | 22.5 | 17 |
| 5 | 56.5 | 42.0 | 42.0 | 15.5 | 15.5 | 59 |
| 6 | 68.5 | 51.0 | 51.0 | 18.5 | 18.5 | 110 |
| 7 | 64.0 | 38.0 | 38.0 | 27.0 | 27.0 | 148 |
| 8 | 58.0 | 28.5 | 29.0 | 30.5 | 30.0 | 177 |
| 9 | 55.5 | 30.0 | 30.0 | 26.5 | 26.5 | 207 |
| 10 | 60.0 | 34.0 | 34.0 | 27.0 | 27.0 | 241 |
| 11 | 70.0 | 49.5 | 49.0 | 21.5 | 21.5 | 290 |
| 12 | 53.0 | 30.0 | 30.0 | 24.0 | 24.0 | 320 |
| 13 | 53.5 | 30.0 | 30.0 | 24.5 | 24.5 | 350 |
| 14 | 26.0 | 5.0 | 5.0 | 22.0 | 22.0 | 355 |
| | 50.0 | 34.5 | 34.0 | 16.5 | 16.5 | 389 |
| 15 | 55.0 | 20.5 | 21.0 | 35.5 | 35.0 | 410 |
| 16 | 41.5 | 44.5 | 18.0 | -2.0 | 24.5 | 428 |
| 17 | 35.0 | 3.0 | 3.0 | 33.0 | 33.0 | 431 |
| 18 | 30.0 | 2.5 | 2.0 | 28.5 | 28.5 | 433 |
| 19 | 39.0 | 21.5 | 21.0 | 18.5 | 19.0 | 454 |
| 20 | 28.0 | 3.0 | 3.0 | 26.0 | 26.0 | 457 |
| 21 | 62.0 | 23.0 | 23.0 | 40.0 | 40.0 | 480 |
| 22 | | 5.0 | 5.0 | | | 485 |
| 23 | 38.0 | 3.0 | 3.0 | 36.0 | 36.0 | 488 |
| 24 | | 10.5 | 10.5 | | | 498 |
| 25 | 28.5 | 8.0 | 8.0 | | | 506 |
| 26 | 41.0 | 25.0 | 28.0 | 17.0 | 14.5 | 534 |
| 27 | 35.0 | 3.0 | 3.0 | 33.0 | 33.0 | 537 |
| 28 | 36.5 | 3.0 | 3.0 | 34.5 | 34.5 | 540 |
| 29 | | 32.0 | 32.0 | | | 572 |
| 30 | | 13.5 | 13.5 | | | 585 |
| 31 | | 2.0 | 2.0 | | | 587 |
| 32 | | 5.0 | 5.0 | | | 592 |
| 33 | 75.0 | 36.0 | 36.0 | 40.0 | 40.0 | 628 |

| | | 古事記 | | 日本書紀(皇紀) | | | |
|---|---|---|---|---|---|---|---|
| ① | ② | ③ | ④ | ⑤ | ⑥ | ⑦ | ⑧ |
| 代位 | 天皇諡号 | 崩年干支 | 崩御年齢 | 崩御年齢 | 崩御年 | 即位年 | 在位年数 |
| | | | a | b | | | c |
| | 神武即位 | | | | | | |
| 1 | 神武 | | 137 | 127 | -585 | -660 | 76 |
| 2 | 綏靖 | | 45 | 84 | -549 | -584 | 36 |
| 3 | 安寧 | | 49 | 57 | -511 | -548 | 38 |
| 4 | 懿徳 | | 45 | 77 | -477 | -510 | 34 |
| 5 | 孝昭 | | 93 | 113 | -393 | -476 | 84 |
| 6 | 孝安 | | 123 | 137 | -291 | -392 | 102 |
| 7 | 孝霊 | | 106 | 128 | -215 | -290 | 76 |
| 8 | 孝元 | | 57 | 116 | -158 | -214 | 57 |
| 9 | 開化 | | 63 | 111 | -98 | -157 | 60 |
| 10 | 崇神 | 戊 寅 | 168 | 120 | -30 | -97 | 68 |
| 11 | 垂仁 | | 153 | 140 | 70 | -29 | 99 |
| 12 | 景行 | | 137 | 106 | 130 | 71 | 60 |
| 13 | 成務 | 乙 卯 | 95 | 107 | 190 | 131 | 60 |
| 14 | 仲哀 | 壬 戌 | 52 | 52 | 200 | 191 | 10 |
| | 神功皇后 | | 100 | 100 | 269 | 201 | 69 |
| 15 | 応神 | 甲 午 | 130 | 110 | 310 | 270 | 41 |
| 16 | 仁徳 | 丁 卯 | 83 | | 399 | 311 | 89 |
| 17 | 履中 | 壬 申 | 64 | 70 | 405 | 400 | 6 |
| 18 | 反正 | 丁 丑 | 60 | | 410 | 406 | 5 |
| 19 | 允恭 | 甲 午 | 78 | 78 | 453 | 411 | 43 |
| 20 | 安康 | | 56 | | 456 | 454 | 3 |
| 21 | 雄略 | 己 巳 | 124 | | 479 | 457 | 23 |
| 22 | 清寧 | | | | 484 | 480 | 5 |
| 23 | 顕宗 | | 38 | | 487 | 485 | 3 |
| 24 | 仁賢 | | | | 498 | 488 | 11 |
| 25 | 武烈 | | | | 506 | 499 | 8 |
| 26 | 継体 | 丁 未 | 43 | 82 | 531 | 507 | 25 |
| 27 | 安閑 | 乙 卯 | | 70 | 535 | 532 | 4 |
| 28 | 宣化 | | | 73 | 539 | 536 | 3 |
| 29 | 欽明 | | | | 571 | 540 | 32 |
| 30 | 敏達 | 甲 辰 | | | 585 | 572 | 14 |
| 31 | 用明 | 丁 未 | | | 587 | 586 | 2 |
| 32 | 崇峻 | 壬 子 | | | 592 | 588 | 5 |
| 33 | 推古 | 戊 子 | | 75 | 628 | 593 | 36 |

表－1　古代天皇実年換算基礎資料

『記紀』にある、百歳を超える天皇の崩年は「春秋年」であることは既に述べた。そして「春秋年」が、皇紀を実年に換算する糸口になる。即ち、百歳を超える天皇の御代までは、何らかの形で「春秋年」が使われていたことを示している。

また、第十四代・仲哀天皇（五十二歳）、神功皇后（百歳）、第十九代・允恭天皇（七十八歳）は日本書紀、古事記とも同じ崩年となっており、古事記にある崩年を、日本書紀の編著者が追認したことになる。即ち、数値の信憑性は高い。

倍半分に近い崩年も記録されている。これは、古事記を見た日本書紀の編著者が、何らかの根拠で訂正したことを意味し、継体天皇の頃まで「春秋年」が残っていたことを示唆している。

| | | 古事記 | 日本書紀 |
|---|---|---|---|
| 第二代 | 綏靖天皇 | 四五歳 | 八四歳 |
| 第八代 | 孝元天皇 | 五七歳 | 一一六歳 |
| 第九代 | 開化天皇 | 六三歳 | 一一一歳 |
| 第二十六代 | 継体天皇 | 四三歳 | 八二歳 |

日本書紀の編著者は、古事記の崩年を知った上で時に同じ崩年とし、時に異なる崩年とした。そこで年紀は日本書紀をベースとし、日本書紀に記載のない場合は古事記を用いることに

した。これらの分析から、皇紀を実年に換算する原則を抽出すると次のようになる。

①推古朝など、皇紀と実年とが確実に一致している年代を起点に、過去へと遡る。

②「春秋年」の適用期間と範囲を見定める。

③歴代天皇の崩御年齢、崩御年、在位年数、即位年齢などに合理性があるか検討する。

④百済王の歿年・即位年記述と日本書紀の記述とを照合する。百済王の年紀は実年で採録されているからである。

⑤これらを総合的に判断して歴代天皇の在位年代を確定する。

こうして、各天皇の実年代から神武天皇の即位年までたどり着き、結果を同表の「実年（推定西暦）」の、⑨崩御年齢、⑩在位年数、⑪修正在位年数、⑫単純即位年齢、⑬修正即位年齢、⑭推定崩年　に記した。次に、各御代の実年を決めた根拠を説明したい。

## 皇紀を実年に換算する・その一

実際の検討は、歴史上、明らかな出来事や百済の記録と照合し、記述内容の当否を判断しながら進めた。また、カッコ内の数値は「前の天皇の崩御年の翌年〜当該天皇の崩御年」を表している。但し、実年と判断した御代は月単位での検討を行い、前か後の御代に算入した。

◆第三十三代・推古天皇（六二八〜五九三）　崩年および在位年数は実年とした。推古十二年の十七条憲法の制定が六〇四年と符合するからである。

◆第三十二代・崇峻天皇（五九二〜五八八）　崩年および在位年数は実年とした。

◆第三十一代・用明天皇（五八七〜五八六）　崩年および在位年数は実年とした。

◆第三十代　・敏達天皇（五八五〜五七三）　崩年および在位年数は実年とした。

◆第二十九代・欽明天皇（五七二〜五四二）　崩年および在位年数は実年とした。

◆第二十八代・宣化天皇（五四〇〜五三八）
崩御年齢は「春秋年」、在位年数は実年とした。宣化天皇が七十三歳で崩御し、在位年数が四年となると、七十歳即位となり、その後、一男三女に恵まれることは考えられない。崩御年齢が「春秋年」なら、即位年齢は三十三歳頃となり説明可能となる。

◆第二十七代・安閑天皇（五三七〜五三五）
崩御年齢は「春秋年」、在位年数は実年とした。安閑天皇が七十歳で崩御し、在位年数が二年となると、六十九歳即位となり、その後、子には恵まれなかったが皇后の他、三人もの妃を立てたとは考えられない。崩御年齢が「春秋年」なら、即位年齢は三十三〜四歳となり説明可能となる。

◆第二十六代・継体天皇（五三四〜五〇七）

崩御年齢は「春秋年」、在位年数は実年とした。

継体天皇は八十二歳崩御、二十八年在位の場合、即位年齢は五十五歳となり、その後、皇后以外に八名もの妃を受け入れ、次々と子に恵まれたとは考えづらい。崩御年齢を四十一歳、在位年を二十八年間とすれば、即位年は十四、五歳となり説明可能となる。

ところで、日本書紀・継体天皇崩御の段で、「二十五年春二月七日、崩御された。時に八十二歳であった」とあるが、次のような追記がなされている。

「ある本によると、天皇は二十八年に崩御、としている。それをここに二十五年崩御としたのは、百済本記によって記事を書いたのである。後世、調べ考える人が明らかにするだろう」と。

即ち、在位年数は「二十五年と二十八年の二つの説があった」ということだ。

日本書紀の編著者から託された命題を解くと、二十八年説が正しい。これが筆者の結論であり、このことを百済王の年紀と対比することで証明した（表—2参照）。

◆第二十五代・武烈天皇（五〇六〜四九九）

崩御年齢は「春秋年」、在位年数は実年とした。
かくも暴虐なる天皇が長きにわたっておられたことは、国民の不幸であった。
◆第二十四代・仁賢天皇（四九八～四八九）
崩御年齢の記載はないが在位年数は記載されていた。この年数は実年とした。
◆第二十三代・顕宗天皇（四八八～四八六）
崩御年齢は古事記の三十八歳を用いた。日本書紀の在位年数は実年とした。
◆第二十二代・清寧天皇（四八五～四八二）
崩御年齢の記載はないが、在位年数は記載されていた。この年数は実年とした。
◆第二十一代・雄略天皇（四八〇～四五八）
崩御年齢は古事記の一二四歳を用いた。これは「春秋年」とし実年は六十二歳とした。在位年数を二十三年間の半分の十一・五年とすると即位は五十歳を過ぎてしまう。事績からは考えづらいので、在位年数は日本書紀の二十三年間、即位年齢四十歳とした。
◆第二十代・安康天皇（四五七～四五五）
崩御年齢は古事記の五十六歳を用いた。これは「春秋年」とし、二十八歳を実年とした。日本書紀の在位年数は実年とした。

## 皇紀を実年に換算する・その二

以下は、原則として崩御年齢、在位年数ともに春秋年と判断した代位である。然しながら、百済年紀との比較が困難な代位であり、春秋年と実年とを注意深く読み分ける必要があった。

◆第十九代・允恭天皇（四五四～四三四）崩御年齢、在位年数とも「春秋年」とした。

◆第十八代・反正天皇（四三三～四三二）崩御年齢、在位年数とも「春秋年」とした。

◆第十七代・履中天皇（四三一～四二九）崩御年齢、在位年数とも「春秋年」とした。

◆第十六代・仁徳天皇（四二八～四一一）

崩御年齢は古事記の八十三歳を用いた。実年はその半分の約四十二歳となる。

一方、日本書紀の記す在位は八十九年間、実年数をその半分の四十四・五年間とすると、在位年数が崩御年齢を上回るので、あり得ない。

仁徳天皇は応神天皇の長子であるから、即位年齢を二十五歳、在位年数を十八年間とした。

これは応神三年に起きた、百済の辰斯王の事件から逆算して決めた年紀である。

◆第十五代・応神天皇（四一〇～三九〇）崩御年齢、在位年数とも「春秋年」とした。

◆神功皇后（二〇一～二六九）
崩御年齢は「春秋年」とし、実年で五十歳とした。六十九年間の摂政年数を実年で半分の三十四年間とすると、十七歳で摂政となる。

仲哀天皇の在位は実年で五年間であり、仲哀天皇即位の一年後に皇后を迎えたとある。すると彼女は十三歳で皇后になり、応神天皇を出産したのは仲哀天皇崩御の約一年後、十八歳頃となるので了とした。明治の頃は「十五で姉やは嫁に行き」であった。

◆第十四代・仲哀天皇（三五五～三五二）崩御年齢、在位年数とも「春秋年」とした。
◆第十三代・成務天皇（三五〇～三二二）崩御年齢、在位年数とも「春秋年」とした。
◆第十二代・景行天皇（三二〇～二九一）崩御年齢、在位年数とも「春秋年」とした。
◆第十一代・垂仁天皇（二九〇～二四二）崩御年齢、在位年数とも「春秋年」とした。
◆第十代・崇神天皇（二四一～二〇八）崩御年齢、在位年数とも「春秋年」とした。
◆第九代・開化天皇（二〇七～一七八）崩御年齢、在位年数とも「春秋年」とした。
◆第八代・孝元天皇（一七七～一四九）崩御年齢、在位年数とも「春秋年」とした。
◆第七代・孝霊天皇（一四八～一一一）崩御年齢、在位年数とも「春秋年」とした。
◆第六代・孝安天皇（一一〇～　六〇）崩御年齢、在位年数とも「春秋年」とした。
◆第五代・孝昭天皇（　五九～　十八）崩御年齢、在位年数とも「春秋年」とした。

◆第四代　・懿徳天皇（　十七～　一）崩御年齢、在位年数とも「春秋年」とした。

◆第三代　・安寧天皇（BC一～BC一四）

「春秋年」が適用されたとしたが、崩御年齢二十八．五歳、在位年数十九年間となると、十．五歳で即位となる。その三年＝実年で一．五年に皇后を決めたとあるが、十二歳で妻を娶ったとは考えづらい。

同時に「綏靖天皇二十五（実年十三）年に立って皇太子となられた。年二十一（実年十．五）歳である」とある。この場合、即位年齢＝立太子年齢となり矛盾が生ずる。

そこで日本書紀にある通り、「二十一歳（実年で十一歳）で皇太子になり、その八年後、実年で四年後の十五歳で即位、その三年後、実年で一．五年後の十六歳で皇后を迎え、その後に子を二人成し、二八．五歳で崩御」とした。在位年数は十四年となる。

◆第二代　・綏靖天皇（BC一五～BC三二）崩御年齢、在位年数とも「春秋年」とした。

◆初代　・神武天皇（BC三三～BC七〇）

神武天皇の生涯を実年で記すと、概ね次の通りとなる。

①前九十六年、宮崎県高原町狭野でお生まれになった。故に、狭野命と呼ばれていた。

②前八十二年、狭野命は、七．五歳で皇太子になる。その後、十六歳頃に阿多の吾平津媛

と結婚し、タギシミミ命とキスミミ命が生まれた。
③前七十四年、実年齢で二十三歳の時、東征の決意を述べられた（45/2 ＝ 22.5）。
④そして、実年で三～四年間は東征に心血を注いだ。日向で生まれた長男、手研耳命の出立時年齢は約七歳と推定。
⑤前七十一年、ヤマト盆地の南部を平定し、姫踏鞴五十鈴媛を正妃とされた。
⑥前七十年、春一月一日、橿原宮に初代天皇として即位された。これが日本の建国元年であり、天皇は二十七歳であった。
⑦前五十六年、天皇四十一歳の時、第二代綏靖天皇となる第三子・神淳名川耳命がお生まれになった。
⑧前三十三年、神武天皇は実年齢、六十四歳（127/2）で崩御された。

表―1の、⑥皇紀崩御年と⑭実年の崩御年をグラフ化したものが（図―22）である。
また、神武天皇が即位された皇紀前六六〇とは、実年に直すと前七〇年となった。この時代は「河内潟の時代」であり、日本書紀の記述と地理的状況との整合性は保たれている。

## 百済王の年紀と照合する

先に筆者が定めた年表をベースに、日本書紀に記された年と実年・表―2をご覧頂きたい。

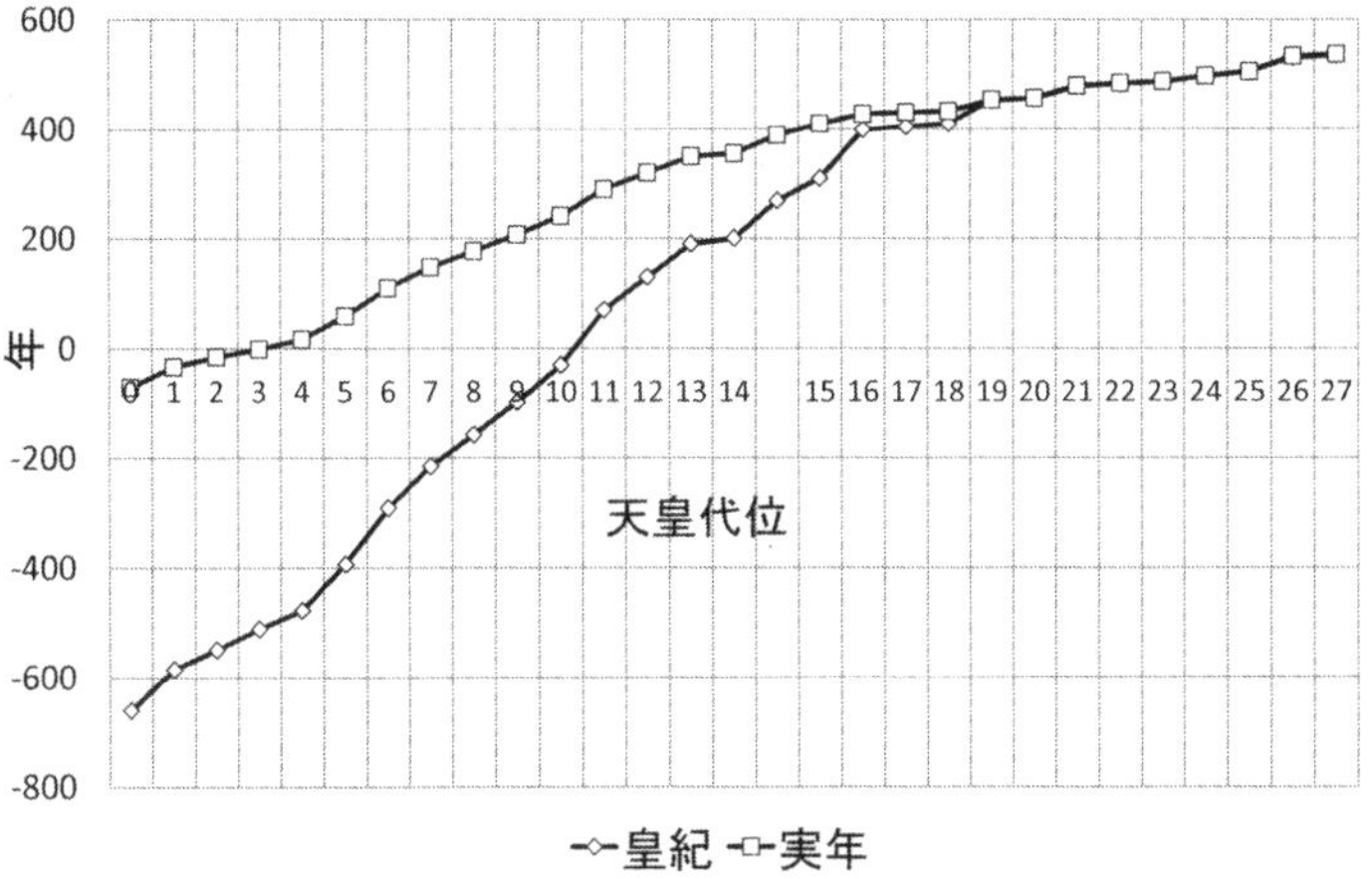


図－22　天皇代位と皇紀・実年の崩御年比較

この表は、最上行に歴代天皇諡号を、その下に先に決めた在位実年を、その下に皇紀在位年数を書き記している。その下に日本書紀の記す百済王の歿年・即位年など、確かな年紀を書き出し、その下に、三国史記の記す百済王の歿年・即位年などを記している。

清寧天皇までは〈皇紀＝実年〉で問題ないので割愛し、応神から欽明天皇までを順次照合した。神功皇后は第八章で述べる。

◆第十五代・応神天皇の条（三九〇〜四一〇）

＊三年、「この年、百済の辰斯王が位につき、貴国《かしこきくに》の天皇に礼を失することをした。そこで日本から使いを出してその非礼を責めた。百済国は辰斯王を殺して陳謝した。紀角宿禰《きのつのすくね》らは阿花《あくえ》を立てて王として帰ってきた」。

| 天皇 | 実年 | 年紀 | 日本書紀の記述 | 百済王の記録 |
|---|---|---|---|---|
| 神功皇后 | 三五六 | 1 | | |
| | | 9 | 新羅出兵 | |
| | | ・ | 石上神宮の七枝刀（三六九） | |
| | | 52 | 百済、七枝刀を含む財物を日本に献上 | |
| | | 55 | 百済の近肖古王死す | 近肖古王死す（三七五） |
| | | 56 | 百済の王子、貴須が王となった | 近仇首（貴須）王即位（三七五） |
| | | 64 | 貴須王死す。枕流が王となった | 近仇首（貴須）王（三八四）死す |
| | | 65 | 枕流王死す。代叔父辰斯が王となる | 枕流（三八四—三八五）王死す |
| | | | | 辰斯王即位（三八五） |
| | 三八九 | 69 | | |
| 第15代　応神 | 三九〇 | 1 | | |
| | | 3 | 辰斯王が天皇に礼を失することをした | |
| | | ・ | 百済は辰斯王を殺して陳謝 | 辰斯王年死去（三九二） |
| | | ・ | 日本は阿花を王とした | 阿花王即位（三九二） |
| | | 16 | 百済の阿花王が死す | 阿花王が死す（四〇五） |
| | | ・ | 天皇は直支王に東韓の地を賜り遣わす | 直（腆）支王即位（四〇五） |
| | | 25 | 直支王が薨じ子の久爾辛が王となった | |
| | | 39 | 直支王はその妹を遣わして仕えさせた | |
| | 四一〇 | 41 | | |

| | | | | |
|---|---|---|---|---|
| 第21代　雄略 | 四五八 | 1 | | |
| | 四六二 | 5 | 武寧王誕生 | 墓誌　武寧王誕生（四六二） |
| | 四七一 | 15 | 稲荷山鉄剣銘文 | |
| | ・ | ・ | 「辛亥年（四七一）雄略に仕えた」 | |
| | 四七七 | 20 | 高麗王が大軍をもって百済を滅ぼす | |
| | 四七八 | 21 | 百済の汶洲王を救い興された | |
| | 四八〇 | 23 | 百済の文斤王死す。東城王即位 | 文斤王死去（四八〇） |
| 第25代　武烈 | 四九九 | 1 | | |
| | 五〇一 | 3 | | 武寧王即位（五〇一） |
| | 五〇二 | 4 | 百済の武寧王が立つ | |
| | 五〇六 | 8 | | |
| 第26代　継体 | 五〇七 | 1 | | |
| | 五二三 | 17 | 夏　百済の武寧王死す | 武寧王死す（五二三） |
| | 五二四 | 18 | 春　武寧王の子・聖明王が即位 | 聖明王即位（五二三） |
| | 五三四 | 28 | | |
| 第29代　欽明 | 五四〇 | 1 | | |
| | 五五四 | 17 | 百済の聖明王戦死 | 聖明王戦死（五五四） |
| | 五五五 | 18 | 百済の使者「聖明王殺される」と奏上 | |
| | 五六二 | 23 | 新羅任那の官家を打ち滅ぼす | |
| | 五七二 | 32 | | |

表－２　歴代天皇の実年代と百済年表の照合

百済年表は、辰斯王を殺して阿花王を立てた年を三九二年としている。

＊十六年、「百済の阿花王が薨じた。天皇は直支王《とき》（阿花王の長子）を呼んで語って言われた。〈あなたは国に帰って位につきなさい〉。よって東韓の地を賜り百済に遣わされた」。百済の王子は代々日本で暮らしており、当然日本語を話していた。まさしく百済は日本の官家であり、日本書紀を読めば、百済王家は日本語を使っていたことが分かる。百済年表は、「阿花王が薨じたのは四〇五年、同年に直支王が即位」とある。

＊二十五年、「百済の直支王が薨じた」とあるが、百済では混乱があったようで、日本書紀には次なる一文も採録されている。

＊三十九年、「百済の直支王は妹のシセツ媛を遣わして天皇に仕えさせた」。百済年表では、直支王の在位は四〇五〜四二〇年であり、応神二十五年の記述は何らかの誤が史料に残っており、それをそのまま記載したと考えられる。

## ◆第二十一代・雄略天皇の条（四五八〜四八〇）

＊五年（四六二）、「武寧王が筑紫で誕生した」とある。武寧王の墓誌は「四六二年誕生」とあるので日本書紀の記録と一致する。

＊十五年（四七一）、稲荷山鉄剣の銘文「辛亥の年」とは四七一年であり、これも一致する。

＊二十年（四七七）、高麗王が大軍をもって攻め、百済を滅ぼした。

＊二十一年（四七八）、天皇は百済の文洲王を救い興された。
＊二十三年（四八〇）、「百済の文斤《もんこん》王が亡くなった。天皇は昆支《こんき》王の五人の子の中で二番目の末多《また》王が若いのに聡明なのを見てその国の王とされた。これが百済の東城《とうせい》王である」とある。百済年紀は文斤王は四八〇年死す、東城王即位・四八〇年とあり一致する。

◆第二十五代・武烈天皇の条（四九九～五〇六）
＊四年（五〇二）、武寧《ぶねい》王が立ったとある。三国史記は武寧王即位・五〇一年とあるから、一年後に採録したことになる。その前の仁賢天皇の崩御は四九八年八月であり、この年から起算すると五〇一年となり一致する。

◆第二十六代・継体天皇の条（五〇七～五三一）
＊十七年（五二三）、「百済の武寧王が薨じた」とある。三国史記の「五二三年、武寧王死す」と一致する。同年、聖明王が即位した。
＊十八年（五二四）、「武寧王の子・聖王が即位し聖明王となった」と記すのは、この年に百済からの奏上があったからではないか。

◆第三十代・欽明天皇の条（五四〇～五七一）

＊十六年（五五五）、百済王子余昌は弟の恵を遣わして「聖明王が賊《あだ》のために殺されました」と奏上。百済年紀は、この前年、聖明王・五五四年に戦死と記す。

＊二十三年（五六二）、新羅は任那の官家を討ち滅ぼした、とあるが、この年代は歴史的事実と一致する。

春秋年が使われていた応神天皇の時代、筆者が推定した実年の範囲に、百済王の年代があることを確認した。それ以降の実年は、年単位で百済の年紀と対比させても矛盾がないことが明らかになった。ではこの年表をベースに、所謂、「闕史時代」を読み解いていきたい。

# 第七章　「闕史八代」　戦いから血縁へ

## 「闕史八代」の本質とは何か

思えば、神武一行は、日向からヤマトの地へと侵入し、限られた兵力で多くの敵と戦い、苦戦を強いられ、時に謀《はかりごと》を巡らし、欺き、多くの敵を殺し、内通者を得、切り崩し、何とかヤマト南部の一角に拠点を築くことが出来た。

だが神武一行は、この戦いで親兄弟、親類縁者を失ったヤマト一円の人々の反感と恨みを買ったのではないか。勝者故、表だって敵対する者はいなかったにせよ、占領軍のような男の集団を歓迎するものは少なく、警戒心を持たれたに違いない。

ところが、神武天皇は、ヤマトの人々から〈神の御子〉と言われた媛踏鞴五十鈴媛を正妃に迎えることが出来た。その結果、神武一行は三輪山を信仰するヤマト一円の人々と近しい関係になり、彼らの眼差しは次第に変わって行ったと思われる。

同時に、ヤマトと摂津の製鉄集団との絆を深め、大己貴神を奉祀する出雲、物部、尾張を始め、各地の製鉄集団にも影響を与え、武器調達の観点からも重要な意味を持つことになった。

神武天皇は入婿のような形で、三輪山の麓の細流、山百合咲き乱れる狭井川の畔《ほとり》にある媛踏鞴五十鈴媛の家に行き、菅の席《むしろ》を清々しく敷き詰めて過ごした。古事記は「この川の畔に山百合が沢山生えていた。その古名、〝さい〟をとって狭井川と名づけられた」と書き記す。こうして二人の間に三人の皇子を授かったことは、決定的な意味を持つことになった。

「お生まれになった御子の名はヒコヤイノ命、次にカムヤイ耳命、次にカムヌナカワ耳命の三柱である」

古事記はさり気なく記すが、この三皇子は紛れもなく大物主神の孫であり、確実に三輪山の神と摂津の血統を継いだことになる。その後、神武天皇は天孫族の伝統に従って末子神淳名川耳命を皇太子とされた。日向生まれの長男、手研耳命を日嗣としなかったこの決定には、優れて政治的センスがあったことを窺わせる。

何故なら、この決定は「地元との絆を深める」という意思を表明したことになり、地元は安堵、歓迎し、よそ者であったはずの神武一行は次第に身内になって行く。同時に、神淳名川耳尊は大和一円の守護神、三輪山の神の孫、且つ製鉄集団の頂点に立つ血縁者となり、鉄を支配する下地が出来上がったことも見逃すことが出来ない。

筆者は、「闕史八代」の意味するところが分かったような気がした。

ヤマトの地に根拠を得た神武天皇は、これからは武力ではなく、大和や摂津の豪族との姻戚関係を堅固にし、オオナムチの神を通じて鉄と武器を支配する部民との絆を深め、各地の豪族との血縁関係を深めていくことで日本を統一しようとしたのではないか。こう見ることで、「闕史八代は創作だ」なる通説は「誤」との自信を深めたのである。

## 綏靖《すいぜい》天皇は如何にして即位されたか

白鳥庫吉の『国史』は、神武天皇から綏靖天皇への代替わりを、「神武天皇は、お亡くなりになると、畝傍山の東北の陵に葬り申しました。皇子神淳名川耳尊が御位をお継ぎになられました。綏靖天皇と申し上げます」で済ましているが、実態はそんな生易しい話ではなかった。

事は神武天皇の長男・手研耳命が、神武天皇崩御の後、実父の妻・媛踏鞴五十鈴媛を自らの妻とし、ヤマトの地で生まれた御子を殺そうと企てたことから始まる。

彼には「日向の地から父と苦楽を共にし、ようやく第一歩を築けたのに、父は大和で生まれた神淳名川耳尊を皇太子とした」なる不満があったのかも知れない。だがこの決定は、天孫族は末子相続が原則だったという他に、「手研耳命には大物主の神の血が流れていなかったからだ」と筆者はみる。

手研耳命はこのことが理解できず、父の妻を自らの妻とすれば地元と製鉄集団との絆が深まると勘違いしたのではないか。だが、媛踏鞴五十鈴媛との間に子をもうけることはもはや期待すべくもなく、地元の注目と期待は神武天皇の三人の皇子に移っていたことに気付かなかったのである。

日本書紀はこの事件の経緯を次のように記す。

「神淳名川耳尊は幼い時から気性が雄々しく壮年になって容貌すぐれ堂々としていた。武芸人に勝れ、志は高く厳かであった。神武天皇が崩御された時、神淳名川耳尊は孝行の気持ちが大変深くて、悲しみ慕う心がやまなかった。特にその葬儀に心を配られた。その腹違いの兄、手研耳命は、年が大きくて長らく朝政の経験があった。それで自由に任せられていたが、その人は心ばえがもともと仁義に背いていた。ついに天子の喪服の期間にその権力をほしいままにした。邪な心を包み隠して二人の弟を殺そうと図った」

この企てを、「手研耳命の妻、媛踏鞴五十鈴媛が我が子に知らせた」と古事記は記し、日本書紀は、「二人の御子が手研耳命を射殺した」と書き記す。

「冬十一月、神淳名川耳尊は兄の神八井耳命《かむやいみみ》と共に、その企てを密かに知られて、これを良く防がれた。先帝の山陵をつくることが終わると、弓削《ゆげ》の雅彦《わかひこ》に弓を造らせ、倭鍛冶部《やまとのかぬち》天津真浦《あまつまら》に鹿を射る鏃《やじり》を造らせ、矢部《やはぎべ》に矢を造らせた。弓矢の準備がすっかり出来上がって神淳名川耳尊は手研耳命を射殺そうと思われた」

秘密が漏れるのを防ぐため、二人は誰に相談することなく策を進め、その日、片丘の大室に一人臥せっているとき、神淳名川耳尊は戸を開き、ことに及んで震え慄いて矢を放てなかった兄から弓矢を奪うと、「一発で胸に命中させ、二発目を背中に当て、ついに殺しつ」と日本書紀は書き記す。この弟が第二代の綏靖天皇であった。

## 綏靖天皇はなぜ姨を妻としたか

この不思議な婚姻は何故成立したのか。おそらく神武天皇は神淳名川耳尊に、綏靖天皇の母の妹、即ち「大神神社の大己貴神の子、事代主神の次女を皇后に迎えるように」と言い遺したからではないか。その分けも語ったかも知れない。そして彼は父の遺言を守り、正妃としたのは実母の妹、おそらくは年上の五十鈴依姫だった。

つまり大神神社の神の子と摂津の製鉄集団の血を受継いだ綏靖天皇は、ヤマトとの血縁関係を更に深めたことになる。また五十鈴依姫は奈良県磯城郡一帯を本拠地とした豪族の娘でもあったから、地元との絆も深めたことになる。

仮に、五十鈴依姫が他の有力豪族の妻となっていたら、日本の歴史は大きく変わったのではないか。何故なら、大神神社の神の血統が二つ存在することになり、鉄の部民も二分されかねなかったからだ。だが、五十鈴依姫と綏靖天皇との婚姻により、大神神社の血統の全てが皇室に流れ込むことになった（図―23）。

古事記は単に、「この天皇が、磯城の県主の祖先であるカワマタ姫を妻としてお生みになっ

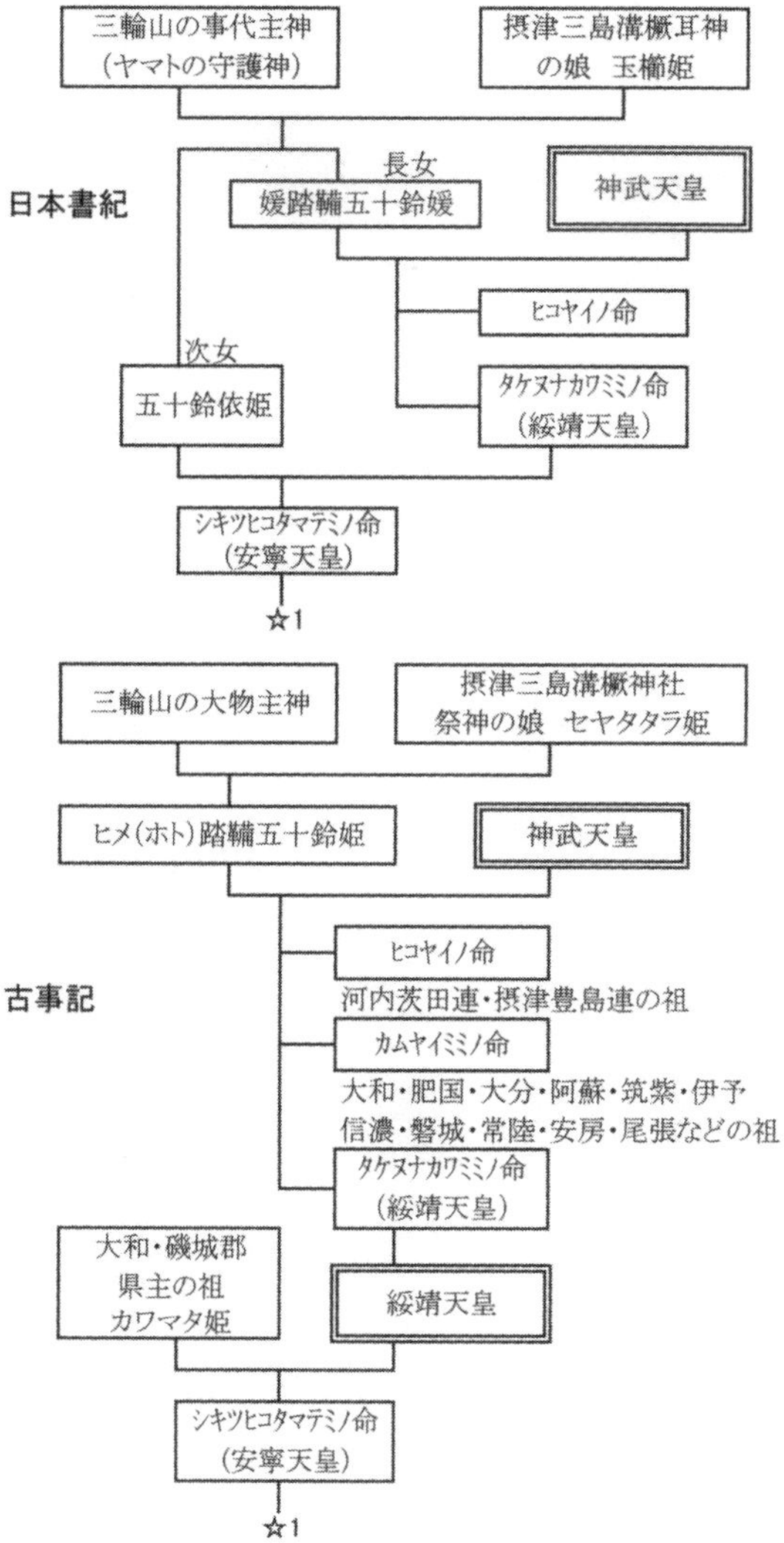
三輪山の事代主神
（ヤマトの守護神）
摂津三島溝橛耳神
の娘 玉櫛姫
長女
日本書紀
媛踏鞴五十鈴媛
神武天皇
ヒコヤイノ命
次女
五十鈴依姫
タケヌナカワミミノ命
（綏靖天皇）
シキツヒコタマテミノ命
（安寧天皇）
☆1
三輪山の大物主神
摂津三島溝橛神社
祭神の娘 セヤタタラ姫
ヒメ（ホト）踏鞴五十鈴姫
神武天皇
ヒコヤイノ命
古事記
河内茨田連・摂津豊島連の祖
カムヤイミミノ命
大和・肥国・大分・阿蘇・筑紫・伊予
信濃・磐城・常陸・安房・尾張などの祖
タケヌナカワミミノ命
（綏靖天皇）
大和・磯城郡
県主の祖
カワマタ姫
綏靖天皇
シキツヒコタマテミノ命
（安寧天皇）
☆1

図－23 神武天皇から綏靖天皇への系図

図－24　綏靖天皇葛城高岡宮跡碑から見る葛城の里

た御子は、シキツヒコタマデミ命（後の安寧天皇）一柱である」と記すのみであるが、この場合も、大神神社の血統が皇室だけに流れ込んだことに変わりはない。

綏靖天皇が即位した時点で、神武東征の目的、「境を設け相争っている状態を止めさせ、日本を統一する」目論見が確実に前進することになった。

それは単に武力による服属を求めるのではなく、血縁のメリットを生かし、男系を中心に日本各地の豪族と婚姻関係を築き、鉄と武器を支配し、服属地域を拡大して行く基が築かれたからである。

古事記は、綏靖天皇は「葛城の高岡宮に坐まして天《あめ》の下《した》治《し》らしましき」と記す。筆者が訪れると奈良盆地の南西、御所市葛城山の一言主神社のやや北、御所を見下ろす高台に葛城の高岡宮跡碑が立っていた（図―24）。

そして綏靖天皇の二人の兄、ヒコヤイ命とカムヤイ耳命の血族を次ように記す。

「神武天皇のヒコヤイ命は河内国茨田郡・摂津国手島郡の祖先である。カムヤイ耳命は大和国十一郡の臣・小子部《ちいさこ》連・坂合《さかい》部連・肥国の氏族・豊後《ぶんご》国大分郡・阿蘇君・筑紫の那珂郡三宅郷・雀部《さざき》・小長谷《おはつせ》造・大和国山辺郡・伊予国造・信濃造・陸奥の岩槻国造・常陸那珂郡の造・安房国長狭《ながさの》郡の造・伊勢の舟木・尾張の丹羽郡や島田郡の祖先である」

以下、古事記の記す皇室と各氏族の関係に注目し、闕史八代の約二百年に及ぶ系譜を辿っておきたい。そしてその意図を実感していただきたい。

## 安寧《あんねい》天皇が皇室の立場を決定づけた

古事記、日本書紀に依れば、五十鈴依媛の生んだたった一人の皇子が後の安寧天皇だった。すると安寧天皇は、大己貴神の子で事代主神の長女から生まれた綏靖天皇と事代主神の次女五十鈴依姫との間に生れたことになる。

この近親婚により、大物主神・大己貴神―事代主神―の血統を引く長女、次女の血、即ち大神神社の神々の血統は全て安寧天皇に受継がれると同時に、大己貴神の血統を継ぐ者は他にいなくなったことを意味する。

この意図を隠すかのごとく古事記はさりげなく「安寧天皇は、片塩の浮穴宮に坐まして天の下治らしましき」と記す。奈良県大和高田市近鉄浮穴駅の北東、片塩町の石園坐《いそのにます》多久虫玉《たくずたま》神社が片塩の浮穴宮跡と伝えられている。

「そして奈良県磯城郡一帯を支配した豪族の娘、アクト姫を妻としてお生みになった御子は、トコツネヒコイロネ命、次に大倭《やまと》ヒコスキトモ命（懿徳天皇）、次にシキツヒコ命の三柱である。シキツヒコ命の子は二人おられた。その中の一人は伊賀の名張郡辺りの祖先となった。いま一人の子のワチツミ命は淡路の御井宮《みいのみや》においでになった。そしてこの御子には、姉のハエイロネ、妹のハエイロドの姉妹がおり、この二人は後の孝霊天皇の妃になった」（図―25）

日本書紀は、安寧天皇の皇后を「事代主神の孫―鴨王《かものきみ》の女《むすめ》である」と記す。即ち、皇室には大己貴神の血統が、更に色濃く流れ込んでいったとした。

## 懿徳《いとく》天皇（一～一七年）の御代

古事記は、懿徳天皇は「軽の境崗宮《さかいおかのみや》に坐まして天の下治らしましき」と記し、日本書紀は「都を軽に地に移した。これを曲峡宮《まがりおのみや》という」とある。ここは近鉄橿原神宮駅の南東、丸山古墳にほど近い大軽町辺りと考えられているが、宮跡は特定されていない。

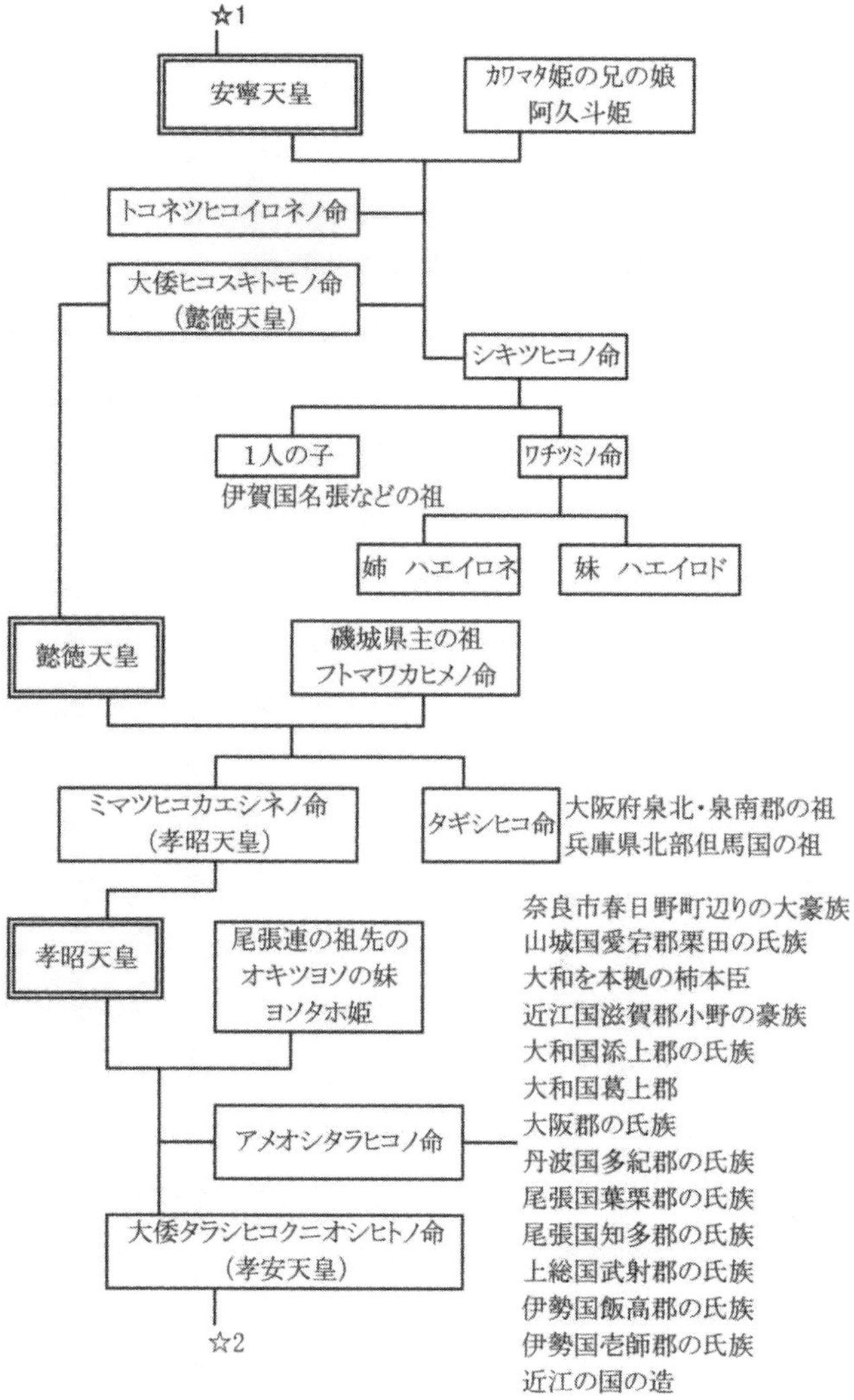
☆1
安寧天皇
カワマタ姫の兄の娘
阿久斗姫
トコネツヒコイロネノ命
大倭ヒコスキトモノ命
（懿徳天皇）
シキツヒコノ命
1人の子
伊賀国名張などの祖
ワチツミノ命
姉 ハエイロネ
妹 ハエイロド
懿徳天皇
磯城県主の祖
フトマワカヒメノ命
ミマツヒコカエシネノ命
（孝昭天皇）
タギシヒコ命
大阪府泉北・泉南郡の祖
兵庫県北部但馬国の祖
孝昭天皇
尾張連の祖先の
オキツヨソの妹
ヨソタホ姫
アメオシタラヒコノ命
奈良市春日野町辺りの大豪族
山城国愛宕郡栗田の氏族
大和を本拠の柿本臣
近江国滋賀郡小野の豪族
大和国添上郡の氏族
大和国葛上郡
大阪郡の氏族
丹波国多紀郡の氏族
尾張国葉栗郡の氏族
尾張国知多郡の氏族
上総国武射郡の氏族
伊勢国飯高郡の氏族
伊勢国壱師郡の氏族
近江の国の造
大倭タラシヒコクニオシヒトノ命
（孝安天皇）
☆2

図－25　安寧天皇から孝昭天皇への系図

「磯城の県主の祖《おや》、フトマワカ姫を妻としてお生みになった御子は、ミマツヒコカエシネ命（後の考昭天皇）、次にタギシヒコ命の二柱である。そしてタギシヒコ命は、大阪府泉北・泉南、但馬国の竹別け、葦井の稲置《いなき》の祖先となった」

安康天皇に続き、磯城の県主の祖の娘を娶ったということは、この時代、地元の大豪族との絆を深め、確実なものにしていったことになる。

## 孝昭天皇（一八～五九年）の御代

奈良県御所市ＪＲ和歌山線玉手駅の南、約一・二キロの所に掖上《わきがみ》池心宮跡碑が立っていた。近くには掖上駅もあり、この辺り一帯は池心と呼ばれている。

古事記は、孝昭天皇は「葛城の掖上宮に坐まして天の下治《し》らしましき」と記し、日本書紀は「都を掖上に移した。これを池心宮という」と記す。

「この天皇が、尾張連の祖、オキツヨソの妹、ヨソタホ姫を妻としてお生みになった御子は、アメオシタラシヒコ命、次に大倭《おおやまと》タラシヒコクニオシヒト命（後の孝安天皇）の二柱である。長男のアメオシタラシヒコ命は奈良県春日野町辺りの大豪族、山城国愛宕郡粟田の氏族、柿本人麻呂を出した氏族、大和国添上郡、近江国坂田郡、丹波国多紀郡、尾張国葉栗郡、

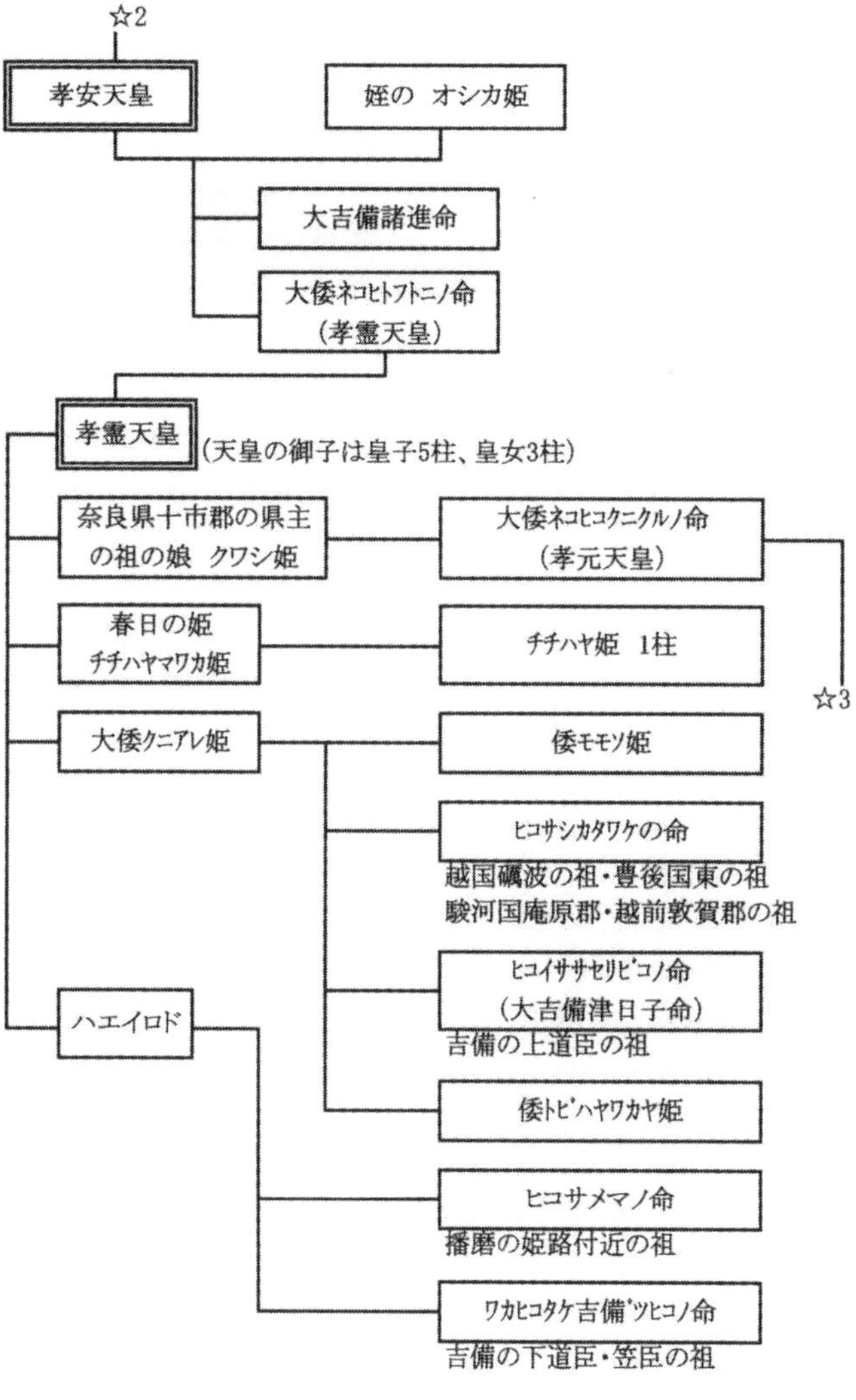
☆2
孝安天皇
姪の オシカ姫
大吉備諸進命
大倭ネコヒトフトニノ命
（孝霊天皇）
孝霊天皇
（天皇の御子は皇子5柱、皇女3柱）
奈良県十市郡の県主
の祖の娘 クワシ姫
大倭ネコヒコクニクルノ命
（孝元天皇）
春日の姫
チチハヤマワカ姫
チチハヤ姫 1柱
☆3
大倭クニアレ姫
倭モモソ姫
ヒコサシカタワケの命
越国礪波の祖・豊後国東の祖
駿河国庵原郡・越前敦賀郡の祖
ヒコイササセリビコノ命
（大吉備津日子命）
吉備の上道臣の祖
倭トビハヤワカヤ姫
ハエイロド
ヒコサメマノ命
播磨の姫路付近の祖
ワカヒコタケ吉備ツヒコノ命
吉備の下道臣・笠臣の祖

図－26 孝安天皇から孝霊天皇への系図

尾張国知多郡、上総国武射《むぎ》郡、伊勢国飯高郡、伊勢国壱志郡の各氏族及び近江国の造の祖となった」

この時代になって際立った変化が現れる。孝昭天皇は、尾張国を本拠とした大豪族と姻戚関係を結ぶことで、皇室の影響力が尾張に及んだことを示している。

## 孝安天皇（六〇～一一〇年）の御代

御所市室、三〇九号線の南にある宮山古墳の麓の神社に室秋津島宮跡碑が立っていた。古事記は、孝安天皇は「葛城の室の秋津島宮に坐まして天の下治らしましき」と記す。

「孝昭天皇の第二子である彼は、姪のオシカ姫を妻としてお生みになった御子は、大吉備モロススミ命、次に大倭ネコヒコフトニ命（後の孝霊天皇）の二柱である」（図―26）

尾張連の孫であった孝安天皇は、孝昭天皇の正妃の姪を皇后とすることで尾張との絆をより深め、揺るぎないものとした。

すると、皇室と尾張が戦う理由は無くなり、「尾張の狗奴国と大和の邪馬台国が相戦った」なる「邪馬台国大和説」や「銅鐸の記憶が途絶えたのは銅鐸祭祀の行われていた尾張を天皇家が滅ぼした」は絵空事、あり得ないことになる。世に流布されているこれらの論は、『記紀』を読まない、無知の泉から湧出る謬論といえるのではないか。

## 孝霊天皇（一一一～一四八年）の御代

奈良盆地の南部を転々としていた天皇の都は、この時代になって中央に進出した。田原本町、近鉄田原本線黒田駅のやや西、今は廃寺の法楽寺山門の入口に孝霊天皇黒田廬《いおり》戸宮趾の碑が立っていた。古事記は、孝霊天皇は「黒田の廬戸宮に坐まして天の下治らしましき」と記す。


「奈良県十都市（磯城郡西部）を本拠とした県主の娘のクハシ姫を妻としてお生みになった御子は、大倭ネコヒコクニクル命（後の孝元天皇）一柱である。

また春日のチチハヤワカ姫を妻としてお生みになった御子はチチハヤ姫一柱である。

またオオヤマトクニアレ姫を妻としてお生みになった御子は倭モモソ姫、次にヒコサシカタワケ命、次にヒコイサセリビコ命（またの名を大吉備津日子命）、次に倭トビハヤワカヤ姫の四柱である。

またそのアレ姫の妹のハエイロドを妻としてお生みになった御子はヒコサメマ命、次に若武吉備津日子命の二柱である。この天皇の御子たちは合わせて皇子五柱、皇女三柱である」

そして、大吉備津日子命と若武吉備津日子命は播磨国を入口として吉備国を平定した。ヒコサメマ命は播磨の姫路市付近の祖、ヒコサシカタワケ命は越中国礪波《となみ》郡、豊後国国東郡、駿河国庵原《いおはら》郡、越前国敦賀郡の祖先となった。

これら皇子、皇女と吉備、播磨、越国、豊後などの豪族と姻戚関係を結ぶことで、周辺諸国との連携を強化し、影響力を拡大していったことが窺える。

## 孝元天皇（一四九～一七七年）の御代

橿原市見瀬町、近鉄吉野線岡寺駅の踏切の際に軽境原宮《かるさかいはら》跡碑があり、近くの牟佐坐《むさにます》神社が宮跡とされる。古事記は、孝元天皇は「軽の堺原宮に坐まして天の下治らしましき」と記す。

「穂積臣（物部氏と同族関係の氏族）ウツシコオ命の娘を娶り、生んだ御子は、オオビコ命、スクナヒコタケイココロ命、若倭ネコヒコオオビビ命（後の開化天皇）、三柱である。またウツシコオ命の娘を娶り、お生みになった御子はヒコフツオシノマコト命である。また河内の青玉の女との間に一柱タケハニヤスビコ命をもうけた。この天皇の御子は五柱である」

そして彼らが各地の祖先となったことを書き記している。

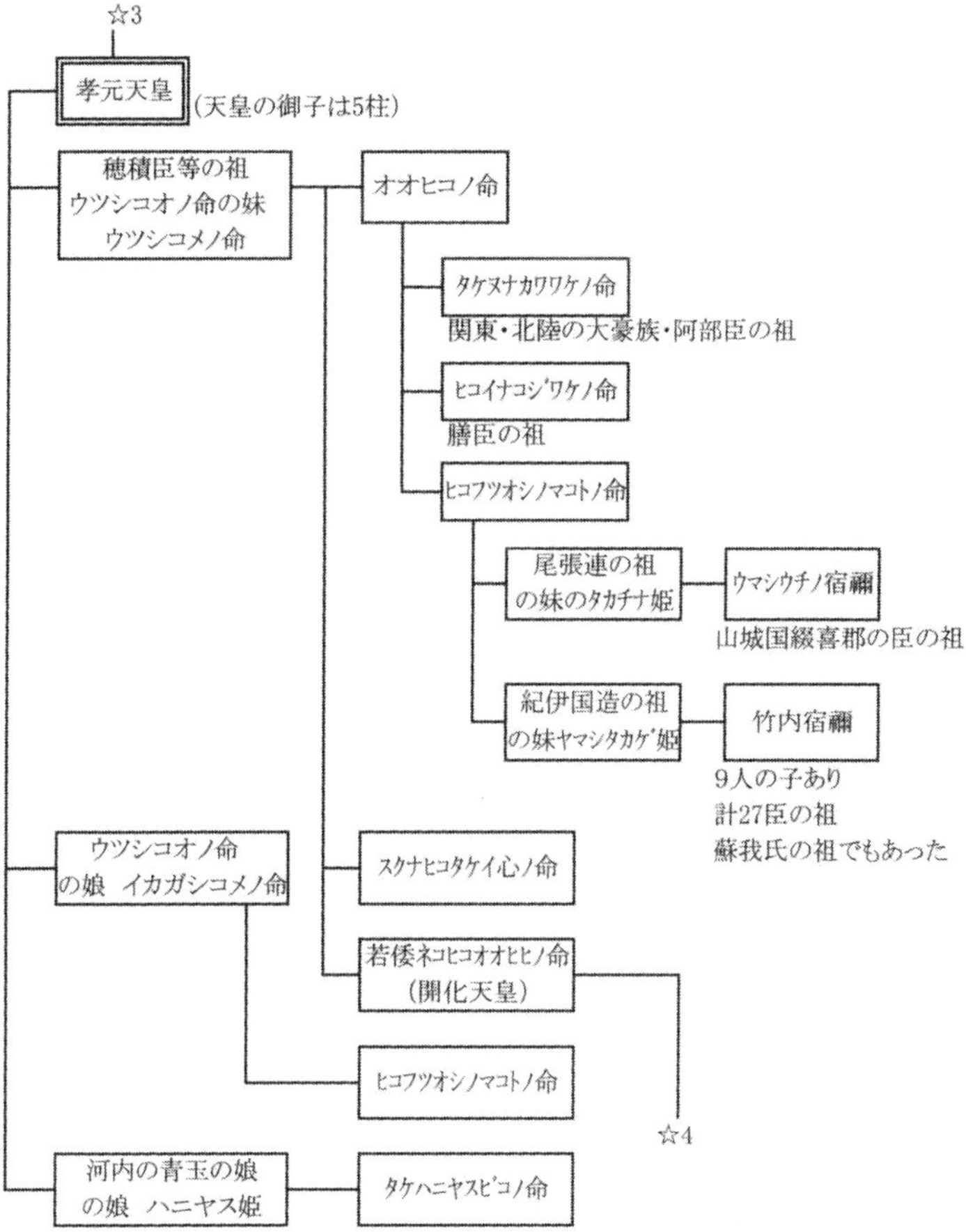
☆3
孝元天皇
(天皇の御子は5柱)
穂積臣等の祖
ウツシコオノ命の妹
ウツシコメノ命
オオヒコノ命
タケヌナカワワケノ命
関東・北陸の大豪族・阿部臣の祖
ヒコイナコシ゛ワケノ命
膳臣の祖
ヒコフツオシノマコトノ命
尾張連の祖
の妹のタカチナ姫
ウマシウチノ宿禰
山城国綴喜郡の臣の祖
紀伊国造の祖
の妹ヤマシタカゲ姫
竹内宿禰
9人の子あり
計27臣の祖
蘇我氏の祖でもあった
ウツシコオノ命
の娘 イカガシコメノ命
スクナヒコタケイ心ノ命
若倭ネコヒコオオヒヒノ命
(開化天皇)
ヒコフツオシノマコトノ命
☆4
河内の青玉の娘
の娘 ハニヤス姫
タケハニヤスビコノ命

図－27 孝元天皇から開化天皇への系図

「オオビコ命の子タケヌナカハワケ命は、東国や北陸に広がる大氏族・阿部臣の祖である。次にヒコイナコジワケ命は膳《かしわで》臣の祖である。ヒコフツオシノマコト命が尾張連らの祖先であるオホナビの妹の葛城のタカチナ姫を妻として生んだ子はウマシウチ宿禰で、これは山城の内臣の祖先である。また紀伊国造の祖先のウツヒコの妹を妻として生んだ子は、建内宿禰《たけしうちすくね》である。その子は合わせて九人」（図―27）

そして建内宿禰の九人の系譜が並ぶがここでは割愛する。

オ・オ・ビ・コ・命とは、稲荷山古墳の鉄剣に刻まれた名である。皇室の血縁は東国は勿論、奈良から大阪、近畿一帯から周防国へと広がっていった。また大和国高市郡蘇我を本拠とする蘇我氏の祖も建内宿禰の子孫であった。

**開化天皇（一七八～二〇七年）の御代**

奈良市、興福寺の南にある荒池から率川《いざかわ》が流れ出ている。それが猿沢池に流れ込み、更に流れ出て西流するが、その近く本子守町にある率川神社が宮跡とされる。その北東に開化天皇陵があり、この時代になり、大和朝廷は奈良盆地北部にまで影響力を及ぼすに至ったと思われる。

日本書紀は「都を春日の地に移された。これを率川宮という」と記し、古事記は「春日のイザカワ宮に坐まして天の下治らしましき」と記す。

「この天皇、丹波の大県主の娘、タカノ姫を妻にしてお生みになった御子はヒコユムスミ命一柱である。この御子の子はオオツツキタリネ王《のみこ》とトサヌキタリネ王の二柱である。この二柱の娘は五柱おられた。

また継母《ままはは》のイカガシコメ命を妻としてお生みになった御子は、ミマキイリヒコイニエ尊（後の崇神天皇）とミマツ姫の二柱である。

また和爾臣（大和国春日の臣）の祖、ヒコクニオケツノ命の妹のオケツ姫を妻にしてお生みになった御子はヒコイマス王一柱である。

また葛城の垂見宿禰の娘、ワシ姫を妻として、お生みになった御子は、タケトヨハズラワケ王（道守臣・丹波の竹野別・摂津国住吉郡らの祖先）の一柱である。この天皇の御子は皇子四柱、皇女一柱である」

皇室の系譜は続く（図―28）。

「ヒコイマス王が山城のエナツ姫を妻として生んだ子は、オホマタ王（その子、アケタツ王は伊勢のハムジ部の君・伊勢のサナノ造の祖先。次のウナカミ王はヒメダの君の祖先）、次にヲマタ王（大和国葛下郡当麻を本貫とする氏族の祖先）、次にシブミノ宿禰（佐々の君の祖）の三柱である。

また春日のタケクニカツトメの娘を妻として生んだ御子はサホビコ王（日下部連・甲斐国の造の祖先）、次にヲザホ王（葛野の別・近江の蚊野の別の祖先）、次にサホビメ命（またの名・サハジ姫は垂仁天皇の皇后となられた）、次にムロビコ王（若狭の耳別の祖先）の四柱である。

また近江の御上の祝《ほふり》の人が清め祭っている天御影神（この神は鍛冶の祖神とされている）の娘、息長水依姫《おきながのみずより》を妻として生んだ子は、丹波ヒコタタスミチノウシ王（この王が丹波の河上の姫を妻として生んだ子はヒバス姫、次にマトノ姫、次にオト姫、次にミカドワケ王（三河の穂別けの祖）の四柱である）。次に水穂ノマワカ王（近江の安直の祖先）、次にカムオホネ王（美濃国の本巣国造・長幡部連の祖）、次に水穂ノイホヨリ姫、次にミイツ姫の五柱である。

またその母の妹のヲケツ姫を妻として生んだ子は山城のオオツツキマワカ王、次にヒコオス王、次にイリネ王の三柱である。全てヒコイマス王の子は合わせて十一柱の王である。

山城のオオツツキマワカ王が同母弟の娘の丹波のアサジ姫を妻として生んだ子は、カニメイカヅチ王である。この王が丹波の遠津臣の娘、タカキ姫を妻として生んだ子は息長宿禰王である。この王《みこ》が、葛城のタカヌカ姫と結婚して生んだ子が息長タラシ姫（仲哀天皇の皇后）、ソラツ姫、息長ヒコ王（この王は吉備の福山市北方の伴造・播磨の竜野市の南を本貫とした氏族の祖先）の三柱である。

また息長宿禰王が河俣のイナヨリ姫を妻として生んだ子は、オホタムサカ王で、この方は但馬国造の祖先である」

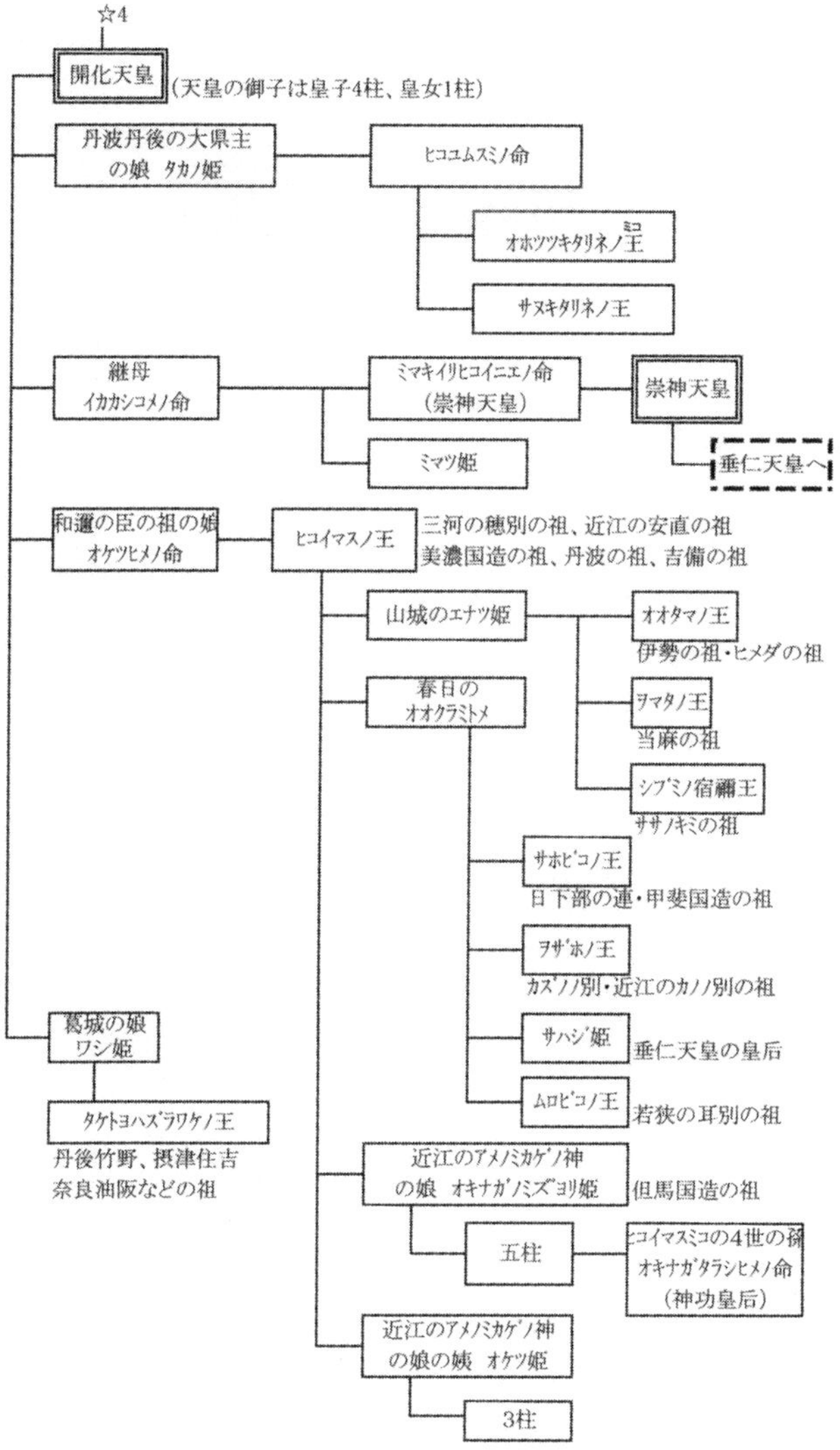


図－28 開化天皇から崇神天皇への系図

注目すべきは、やがて鉄の産地として強大になる丹波の大県主の娘が含まれ、この地と姻戚関係を結んで行ったことがあげられる。更に、和邇臣の祖先の娘との間に生れたヒコイマスノミコの四世の孫に息長タラシ姫（神功皇后）が現れる。

これが世にいう「闕史八代」である。だがこれは欠史ではない。ヤマト南部の一角に拠点を築いた皇室が、如何にしてこの地から近畿一円、そして各地に勢力を伸ばしていったかを記していた。それは徐々であり、鉄を支配することで軍事力を強固なものとし、かといって武力に訴えるわけでもなく、血縁関係をもって周辺の豪族を服属させていったことを雄弁に物語っていた。そして開化天皇は二〇七年に崩御され、第十代・崇神天皇の御代へと移って行く。

舞台は「邪馬台国」と重なってくるが、この国の長は、代々未婚の女王であったため、皇室のように強固な血縁関係を築くことが出来なかった。筆者には、それが女王国衰亡の主因と思えてならないのである。

# 第八章　日本は百済□□新羅を臣民となす

## 「闕史八代」を覆した鉄剣銘文

歴史の専門家や一部の物書きとは不思議な存在である。あれだけ事績が書いてある神武天皇の存在を認めないといい、綏靖から開化天皇までは事績が書いてないから認めないという。彼らに謙虚さは皆無であり、一次資料に接したであろう七〜八世紀の歴史家より、二十一世紀の自分の方が当時のことを良く知っていると自惚れ、常人では理解できない賢しらな態度を当然のこととしてきた。そして歴史学界のこの怪しげな定説に、教育界は勿論、司馬遼太郎や山本七平なども付き従い、オウムの如く口を開いていたのである。

この学界に衝撃が走ったのは昭和五十三年（一九七八）九月のことだった。その十年前、埼玉古墳群・稲荷山古墳の人物埋葬部から、武器や甲冑と共に真赤に錆びた鉄剣が出土した。この鉄剣の傷みが進んだため、奈良の元興寺文化財研究所に保存処理が委託された。そこでエックス線検査を行った処、鉄剣から皇族系一族の系譜を記した文字が浮かび上ってきたのである。

筆者が訪れると、鉄剣は展示室の中央、ガラスケースの中にあった（図—29）。そこに刻まれた、表五十七字、裏五十八字の金象嵌文字を訳すると次のようになる。

表「辛亥年七月中記す、私こと乎獲居臣《おわけのおみ》の上祖の名は意富比垝《おほひこ》であり、その児の名はタカリノ宿禰、その児の名はテヨカリ別、その児の名はタカハシ別、その児の名はタサキ別、その児の名はハヒテ」

裏「その児の名はカサハヨ、その児の名はヲワケノ臣。世々丈刀人の頭となり、勤め奉り今日に至る。ワカタケル大王の寺、磯城の宮にあるとき、我天下を左治し、ここに此の百錬の太刀を作らしめ、太刀を奉ったいわれを記すなり」

八代の系図が刻まれ、乎獲居臣の父祖とは第九代・開化天皇の実兄、第八代・孝元天皇の長男、意富比垝（大彦）だった。開化、孝元天皇の実在が明らかになると同時に、日本書紀の正しさがまた一つ証明されたことになる。この事実を前に直木孝次郎氏は次のように反応した。

「意富比垝までしか出ていないということは、孝元はまだ存在していなかったことを示す」（226）（『日本神話と古代国家』一九九〇）

図－29　国宝「金錯銘鉄剣」（さいたま古墳公園ホームページより）

「オオヒコは認めるが、鉄剣に刻まれていない彼の父親＝孝元天皇は認めない」ということだ。この一文に接し、検閲の洗礼を受け、転向した者は「率直な解釈を導き出すことは難しく、屈折した見方による屁理屈ともいうべき考えかたになりがち」と云う言葉を実感した次第である。

その後も、多くの学者や物書きなども相変わらず「闕史八代」などと称しているのだから、彼らの頭は一体どうなっているのだろう。

開化天皇の第二子、第十代崇神天皇（二〇八～二四一年）は、「三年九月、都を磯城に移した。これを瑞籬宮という」と日本書紀は記す。大神神社の拝殿横から山の辺の道に沿って南に下った桜井市金屋、志貴御県坐神社《しきみあがたにます》の境内の一隅に磯城瑞籬宮《しきみずかきのみや》跡碑が立っていた。

崇神の条に「四道将軍」の話が載っているが、それは、この時代になると各地の豪族との血縁が広がり、「戦わずして勝てる」という自信がついたことを表している。

「九月九日、大彦命を北陸に、武渟川別《たけぬなかわわけ》を東海に、吉備津彦を西海に、丹波道主命《にわのみちぬし》を丹波に遣わされた。詔して〈もし教えに従わない者があれば兵を以て討て〉と云われた。それぞれ印綬を授かって将軍となった」

序ながら、鉄剣銘文の「辛亥年」は、四七一年が一致した見方であり、雄略天皇の御代（四五八～四八〇年）にこの鉄剣は作られたことになる。筆者の年表とも一致し、日本書紀の信憑性がまた確かめられた。

## 纏向は垂仁天皇の御代に造られた

纏向《まきむく》遺跡は三平方キロにも及ぶ広大なもので、三世紀頃に作り始め、最盛期は三世紀末から四世紀の初めといわれる。この都について様々な見方があるが、日本書紀の次なる一文を読めば、崇神天皇の第三子、垂仁天皇（二四二～二九〇年）の御代に造られたことは誰にでも分かる。

「二年冬十月さらに纏向に都をつくり珠城《たまき》宮といった」

桜井市ＪＲ巻向駅の東方、穴師への緩やかな道を登って行くと、道端に「垂仁天皇纏向珠城宮跡碑」が立っていた。その西に広がる纏向の地に、各地から集まった豪族が大和朝廷を支えていたことが実感される。纏向には主に高床式の建物が建てられ、出土土器は東海系を中心に全国に及んでいた。崇神、垂仁の条に、任那や新羅との交流の記録があるが、僅かながら発見された朝鮮系土器がこの記述を裏付けている。

垂仁天皇の第三子、景行天皇（二九一～三二〇年）の御代に都は拡大、発展していった。画期的なのは、四世紀になるとこの古代都市に浄水配水施設が造られたことだ。更に運河も通っていたらしい。

更に穴師の大兵主神社に向かって登って行くと「景行天皇纏向日代宮跡碑」が立っていた。日本書紀は「また纏向に都を造られた。これを日代宮という」と記すから、景行天皇も纏向の中にではなく、その東、巻向を見下ろす高台に宮を建てたことになる。

古事記は、景行天皇の皇子、ヤマトタケルが熊襲征討の時、「父は纏向の日代宮においでになって大八島国をお治めになっている…」と語ったと記す。ヤマトタケルはこの地から熊襲の地へと旅立ったのである。

景行天皇の第四子、成務天皇（三二一〜三五〇年）の条に都の話はない。古事記は何故か、「近江の志賀の高穴穂宮《たかあなほ》においでになって天下をお治めになった」と記し、琵琶湖の西岸、京阪線の穴太《あのお》駅の近くにある高穴穂神社の境内に宮跡碑はあるという。

纏向は垂仁から景行天皇までの二四一年〜三二〇年頃まで、或いはその後も続いた都だった。専門家の見方を知るため、『大和王権はいかにして始まったか』（学生社　二〇一一）を開いてみた。そこで寺沢薫氏は次のように切出した。

「今回この大きなテーマを掲げて、唐古・鍵遺跡が発展する弥生時代中期後半〜後期弥生時代の後期（一〜二世紀）から、纏向遺跡が誕生し盛行する三世紀に焦点をあてて、第一線で調査と研究に当られている方々にお集まりいただき、日頃考えていることを率直に語っ

ていただく場を設けさせていただきました」（2）

読み進めると、登場した寺沢薫、藤田三郎、秋山浩二、森下章司、橋本輝彦、松本武彦の諸氏は、纏向と垂仁、景行天皇との関係に全く触れなかった。これではこの本のタイトルが泣く。考古学者も、『記紀』や魏志倭人伝位は読み、考古学の成果を基に古代史を論証して行く姿勢が欲しいと思った次第である。

寺沢氏は「この本を通して若い人たちの間にも関心が広がることを期待したい」（3）としていたが無理な相談だった。無味乾燥な話の羅列で、古代史に繋がる生きた話は皆無だったからである。

## 女王国は垂仁天皇の御代に瓦解した

垂仁天皇の御代、北部九州では戦いが起きていた。それは、崇神天皇の時代に関東から中国まで従えた大和朝廷が、北部九州を平定しようとしたことと関係がある。

魏志倭人伝によると、女王国連合に属さない狗奴国が邪馬壱国の南にあり、「卑弥呼は狗奴国の男王・卑弥弓呼と元から不和であった」と記す。狗奴国とは今の熊本県辺りを指し、そこに登場する狗古智卑狗とは、女王国と境を接した筑肥山地の南側、菊池川流域の菊池彦と思われる。そして正始八年（二四七）頃、邪馬壱国連合と狗奴国との戦が始まる。

この時、女王国の使者が帯方郡に行き、「互いに攻撃する状況を説明した」と事実上、魏に助を求めた。その後、魏志倭人伝は「卑弥呼以て死す」と記す。想像逞しうすれば、「以て」とあるから、女王国連合の南部に位置した邪馬台国は戦に敗れ、卑弥呼は亡くなったのではないか。

だがこの時点で女王国は瓦解したのではない。卑弥呼の後継者・壱与は、二六六年に魏から変わった晋に朝見する。その一行は役人二十人を遣わし、男女生口三十人、真珠五千個贈ったとあるが、これを最後に女王国は歴史の表舞台から姿を消す。おそらく三世紀末、垂仁天皇の御代に北部九州の邪馬台国は瓦解したに違いない。

そして四世紀初頭、多くの専門家が指摘するように北部九州は大和朝廷の範囲に入り、一応、九州全体が従う形になったと思われる。ところで狗奴国は何故そこまでの強国だったのか。

実は熊本も鉄の一大生産地だった。斉藤山遺跡から、わが国最古級の鉄斧が出土したことは知られているが、狩尾遺跡群の調査報告書には、熊本県の「白川、大野川流域の鉄器の総合的な分析に依ればこの地域は鉄器生産と流通について地域的特徴を示し、北九州地区とは異なる様相を示す」とあるという。この見方を裏付ける考古資料もある。

熊本北部にある菊池川流域の方保田東原《かとうだひがしばる》遺跡は、卑弥呼の時代と重なる弥生時代後期から古墳時代前期に至る大規模環濠集落である。

ここからは多くの鉄器や青銅器が出土したが、この辺りには鉄器の影色濃い遺跡が多く存在するという。即ち、この辺りの人々は、早くから鉄の武器や農具を手にしていたからこそ、女王国連合に対抗する力を持っていたと思われる。

森浩一氏は「熊襲は強国であり、文化も進んでいた」と次のように記す。

「特に熊本県南部の狗奴国から出土する鏃は鋭利でしかも大きい。狗奴国は役に立たない青銅器を作るより、鉄製の武器を作ることを国の方針としていたようである」（149）

「熊襲といえば粗野な人々を連想することもあるだろう。だがそれは大きな間違いで全国の弥生土器のなかで、最も端正で品の良い土器を上げるとなると人吉盆地を中心とする免田式土器と東海のパレス式土器であろう」（150）（『倭人伝を読みなおす』）

それでも女王国は強敵であり、熊襲＝狗奴国は戦略を練ったと思われる。その鍵は日向にあった。日向がどちらに着くかで勝敗は決したのである。

## なぜ景行天皇は熊襲討伐に出かけたか

女王国と戦う狗奴国にとって、日向を敵に回すことは何としても避けなければならなかった。万一、女王国が日向と手を結ぶと、北の女王国に加え、東の日向と南の蘇・鹿児島の隼人も敵に回すことになるからだ。そのため、日向を介して大和朝廷に朝貢していたことを暗示する一文が日本書紀に記されている。

景行天皇の条、「熊襲が背いて貢物を奉らなかった。天皇は筑紫に向かわれた」がそれである。女王国と戦っていた狗奴国は、垂仁天皇の御代に貢物を奉《たてまつ》っていたと見ることが出来る。ところが、女王国が瓦解すると大和朝廷と日向の必要性が薄れ、景行天皇の御代になると熊襲は「背いて」貢を止めたのではないか。すると討伐に出かける。これが当時の常識だった。

景行十二年、九州に向かった景行天皇は各地で土蜘蛛などを平らげて行ったが、日向国に着いて行宮（高屋宮）を設け住まいとした。天皇は、熊襲には八十梟師《たける》という強敵がいることを知っており次のように言われた。

「多勢の兵を動かせば百姓《おおみたから》の害となる。ひとりでにその国を平らげられないものか」

すると一人の臣が進み出て言った。

「熊襲梟師には二人の娘があります。姉を市乾鹿文《いちふかや》といい、妹を市鹿文《いちかや》と云います。容姿端麗で気性も雄々しい者です。沢山の贈物をして手下に入れるのが良いでしょう。梟師の様子をうかがわせて不意を突けば、刃に血を塗らずして、敵を破ることもできましょう」

天皇は「良い考えだ」と言われた。敵の内情を知って作戦を立てる、これは昔から行われていた常道だった。そこで贈物を見せて、二人を欺いて味方に付けた。天皇は市乾鹿文を召して偽り寵愛までされ、悩みをうち明けたに違いない。逆ハニートラップにかけたことになる。

市乾鹿文は「熊襲の従わないことを気になさいますな。私に良い謀《はかりごと》があります。一人二人の兵を私に付けてください」と言い、家に帰って強い酒をたくさん用意し、父に飲ませた。すると酔って寝てしまった。市乾鹿文は密かに父の弓の弦を切っておき、そこへ従兵の一人が進み出て八十梟師を殺した。

天皇はその不孝の甚だしいことを憎んで市乾鹿文を殺させ、妹、市鹿文を火の国の国造として賜った。そして十三年五月、悉く熊襲の国を平らげたとある。

こうして四世紀の初め、筑紫の地が大和朝廷に服属したと考えられるが、これでは熊襲が背くのは当然だった。次にヤマトタケルの熊襲再征の話へと移って行くが、以下は『記紀』を開いてほしい。

ところで、日向では戦らしき記述が見当たらない。それどころか妃を得て日向の国造となる皇子をもうけていた。そして、十九年秋九月　天皇は日向から大和へお帰りになった。日向とは、景行天皇にとって心安らぐ地だったのである。

## 日向の前方後円墳から分かること

森浩一氏は、『古代史おさらい帳』で次なる疑問を披歴した。

「九州島の太平洋沿岸には前方後円墳が多い。このことは戦後の考古学ではまだ解きえない問題である。特に宮崎県西都市の西都原古墳群は前方後円墳の多いことでは抜群であるし、鹿児島県の肝属《きもつき》郡東串良町にある唐仁古墳群の唐仁大塚古墳（墳長一三七m）や大崎町の横瀬古墳（墳長一三五m）はほぼ同規模の中型の前方後円墳である。中型と云うのは僕の整理上の分類であって、五世紀前後の東アジア全体でみれば傑出した規模であることは言うまでもない」(173)

実際、西都原古墳群だけでも三一一もの円墳や前方後円墳が確認されており、築造年は四〜七世紀とされていた。だが、二〇〇五年九月三日、宮崎日日新聞は次のように報じた。

「八十一号古墳から土器の中に遺体を納める土器棺の一部が見つかったことが二日分かった。土器棺は弥生時代に用いられた埋葬形式。

宮崎大学柳沢一男教授は〈八十一号古墳は国内最古級の前方後円墳であることがさらに高まった〉としている。宮崎大学グループは発掘状況も加味し、卑弥呼の墓とされる奈良県の箸墓古墳より古い三世紀前半の古墳とみている」

「箸墓古墳が卑弥呼の墓」はあり得ないが、宮崎平野には千を上回る古墳群が存在するという。市の北西六キロの生目古墳群は、畿内にある全ての古墳タイプが揃っている上、西都原古墳群や持田古墳群より全体が古く、箸墓古墳と同時代か更に古い可能性もあるという。

日向の古墳群は卑弥呼の時代の並行期に築造され、ヤマトでの築造開始年に重なるなら、「服属したから前方後円墳を造った」では説明にならない。ヤマトと日向は、古き縁で結ばれていたと考えるより他にない。


ここで思い起こされるのが「神武天皇は長子、手研耳命を伴って東征に出発した」なる記述である。すると家督を継ぐべき末子、岐須耳命は日向の地に残ったことになる。

神武天皇の子孫にとって三～四百年前の東征の記憶は薄れ、「遠い時代の遠く離れた親戚」程度の記憶しか残っていなかったと思われるが、神武東征以後も日向とヤマトには、何らかの繋がりがあったと考えられる。

例えば、宮崎神宮（129頁　図―15）の社伝は「大和で生まれた神武天皇の皇子、神八井耳命の子が神武天皇のお住まいのあったこの地に神武天皇を祀ったのが始まり」と伝える。即ち、その時代の人は、「神武東征の出立地は日向」と考えていた証でもあった。その後も何らかの関係があったと見て不思議はなく、それが日向にある多くの前方後円墳だった。

『記紀』は日向と大和との関係を明記していないが、日向の前方後円墳はヤマト朝廷との深い絆を物語っている。時代は、成務天皇、仲哀天皇の御代へと移って行くが、様々な論の飛び交う神功皇后の条を読み解くことにしたい。

## 神功皇后（三五六〜三八九年）は実在した

ヤマトタケルの第二子、仲哀天皇は熊襲征伐のため、下関市長府町豊浦宮に遷《うつ》り、次いで福岡市東区橿日宮（香椎宮）に都を遷したとある。だが仲哀天皇はこの地で若くして崩御する。その後、仲哀天皇の子を宿した神功皇后は、神の啓示に従い、その地で兵を募り、新羅へと出兵する。では日本書紀の神功皇后の条に何が書かれているか確認してみよう。

最初に登場するのは神功皇后の所謂、三韓征伐である。冬十月、上対馬町の鰐浦から新羅に向けて出発した。だが戦は起きなかった。この急襲に新羅王は「白旗を上げて降伏し、白い綬《くみ》を首にかけて自ら捕らわれた」とあるからだ。

そして新羅の秘められた心根を知らず、「今後は末永く服従して馬飼いとなりましょう。春秋の朝貢を欠かしません」との偽りの誓を信じ、「降伏したものは殺してはならぬ」と命じた神功皇后の温情が仇で返され、任那と百済の滅亡へと繋がって行く。

皇后は新羅から帰られ、十二月十四日にお生みになった皇子が、後の応神天皇であった。時の人はその産み処を名づけて宇瀰《うみ》（福岡県糟屋郡宇美町）といった。

その後、皇族との皇位争いに勝利し、三年春、誉田別《ほむたわけ》皇子（後の応神天皇）を皇太子とし、大和の磐余に都を造った。これを若桜宮という。では、神功皇后の条に何が書かれているか、百済との関係で確証のある記録と対比しながら記してみよう（表―2　224頁参照）。

①四十六年春三月、百済の肖古王（三四五―三七五）が日本との交流を望んだとある。「百済王は、東の方に日本と云う貴い国があることを聞いて…」。以後、百済の貢献が始まる。

②四十七年夏四月、百済王は久氐《くてい》・弥洲流《みつる》・莫古《まくこ》を遣わして朝貢した。新羅の調《みつぎ》の使いが久氐と一緒に来た。その時、新羅が百済の貢を奪い、新羅の貢のように装ったことが分かった。千熊長彦を新羅に遣わし、百済の献上物を汚し乱したことを責めた。

③四十九年春三月、これが原因で新羅再征を行う。荒田別と鹿我《かが》別を将軍とした。彼らは任那の軍勢を加えて新羅を討ち破り、七カ国を平定した。この時も新羅を滅ぼさなかった。兵を移して、済州島を滅ぼし、百済に与えた。百済の肖古王と皇子の貴須はまた兵を率いてやって来た。百済王父子と荒田別らは相見て喜んだ。

その時、百済王は誓いを立て「常に西蕃（西の未開国）と称えて、春秋に朝貢しましょう」と言い、この時以来、日本と百済は固い同盟で結ばれたことになる。

④五十二年秋九月、この戦勝を祝し、日本と百済の盟約の印として「百済の使者、久氐らは千熊長彦に従ってやって来た。そして七枝刀《ななつさやのたち》一口、七子鏡《しちこのかがみ》一面及び種々の重宝を奉った」とある。この刀に金象嵌で刻まれた「泰和四年六月十一日」の元号は、東晋の太和四年

図―30　七枝刀
(日本の時代史2『倭国と東アジア』吉川弘文館P11)

(三六九)と考えられている。これが石上神社にある七枝刀である(図―30)。

⑤五十五年、百済の肖古王が薨じた。五十六年百済の皇子貴須《くるす》が王となった。百済年表は、肖古王死す(三七五年)とある。

⑥六十二年、新羅が朝貢しなかった。その年、襲津彦を遣わして新羅を討たせた。

但し、「百済記は、その実態を次のように記していた」と日本書紀は記す。

「新羅が日本に朝貢しなかった。日本は沙至比跨《さちひこ》(襲津彦)を遣わして討たせようとした。新羅は美女二人を飾って港に迎え欺いた。彼は美女を受け入れ、反対に加羅国を討った。加羅国の国王は百済に逃げた」。即ち、ハニートラップにかかった。その沙至比跨は許されずに死んだという。

この引用文は地の文より小さな文字で書かれ、単なる引用であることを明示している。

⑦六十四年、百済の貴須王が薨じた。王子枕流《とむる》が王となった。百済年表は、近仇首王(＝貴須王)が死す(三八四年)とある。

⑧六十五年、枕流王死す。叔父の辰斯が位を奪って王となった。百済年表は、枕流王が薨じ

た（三八五年）とある。

そして六十九年、皇太后が稚桜《わかさくら》宮に崩御されたが、この条に書かれた百済の歴史的事件は、筆者の推定実年と整合性が保たれることが理解されよう。

桜井市池之内、県立農業大学校の北、小高い丘の上の稚桜神社が神功皇后の宮跡と伝えられる。其処には何時築造したかは知れぬ古き本殿があったが、宮跡碑は見当たらなかった。

## 「皇紀＝西暦」なる不毛の古代史論

直木孝次郎氏は、第十三代成務天皇と第十四代仲哀天皇の実在に強い疑念を表さなかったが、応神天皇の母・神功皇后の存在は強く否定した。

「後者（神功皇后）の物語は、四世紀から五世紀初頭にかけて行われた日本の朝鮮遠征の史実を説話化したものといわれる。後代の変形を受けていることは否定できないが、かなり多くの史実を核として含むとする考えが、一般的である」(63)

「私はこの物語（神功皇后の三韓征伐　引用者注）は、史実を核とするものとして第二の部分に入れるよりは、六世紀以降の虚構されたものとして、第三の部分（史実を全く含んでいない　引用者注）に入れるのが適当であると考える」(64)

「中心人物のオキナガタラシヒメは六世紀以降に在位した推古・斉明（皇極）・持統の各女

帝をモデルとして作られたもので、実在の人物ではない」(64)(『日本神話と古代国家』)

皇紀を西暦と誤認していた氏から見れば、神功皇后の条は「百済の年紀と全く合わない」故に理解不能であり、このような反応になったのも致し方なかった。専門家でありながら年代を理解出来ず、古代史を論じてきた哀れさを感じないわけにはいかなかった。

平成二十年一月十五日、宮内庁は神功皇后陵への立入り調査を認め、二十二日に多くの学者と共に調査が行われた。橿原考古学研究所の今尾文昭氏はその印象を次のように語った。

「宮内庁の発掘調査結果を検証したがほぼその通りだった。円筒埴輪列などから、四世紀後半から五世紀初めと云われた築造時期も、やや新しくなるのではないか」(23日　毎日新聞)

神功皇后の崩御年は皇紀二六九年であるが、筆者の推定実年は三八九年である。古墳を築造するのは崩御以後であるから、この年は考古調査との齟齬もなく、神功皇后の存在を疑う理由はもはや見当たらない。

## 「神功皇后は姦婦」井沢元彦氏の邪推

氏は神功皇后の存在は認めていたが、応神天皇は仲哀天皇の子ではないと結論付けた。

「日本書紀は、仲哀天皇は九年二月五日に亡くなったことになっている」(331)

「その仲哀天皇の子である応神天皇が生まれたのはいつか？

書紀によればそれは仲哀天皇九年の十二月十四日である。ここで引き算をして頂きたい。

十月と十日である。この満十か月十日というのは、それプラス丁度一か月なのである」

(332)(『逆説の日本史Ⅰ古代黎明編』)

確かに日本書紀には、「時がたまたま皇后の臨月になっていた。皇后は石をとって腰にはさみ、お祈りしていわれるのに〈ことが終わって還る日にここで産まれてほしい〉」とある。そして新羅から帰られた「十二月十四日に応神天皇を産まれた」と書き記す。

だが、氏はこの記述を信ぜず、この時代に太陽暦が使われていたと思ったのか、予定日の一ヶ月も後の出産はあり得ないとした。

そして「神功皇后は、仲哀天皇崩御の後、自ら神主となり神託をお聞きになられたその間に、誰とも知れぬ男と不貞を働き妊娠し、応神天皇を出産した」、「この不都合な男は抹殺された」と邪推した。根拠を示すことなく皇后を姦婦と決めつけ冒瀆し、同時に自らの心の卑しさを際立たせる結果となった。

では出産が一か月程遅れることはないのだろうか。例えば、ジャッキーチェンは母親のお腹に十二か月おり、生まれた時は五六八〇グラムもあったという。稀に出産が遅れることもあり、だからこそ『記紀』に特筆されたのではないか。

日本書紀には、出産が遅れ、応神天皇が大きな赤子であったことを彷彿とさせる記述が残っている。「生まれられた時に腕の上に盛り上がった肉があった」がそれである。

然るに氏は、「日本書紀の編著者は、応神天皇は仲哀天皇の子である」という偽りを混入させたと決めつけ、それは「天皇家には万世一系という建前があるからだ」(333)と、自らの浅はかさを露呈した。日本書紀の編著者がその気になれば、「万世一系」を疑われないように操作するのは容易い。仲哀天皇の崩御月を「数か月ほど後にすれば良い」だけだ。

ちなみに古事記は次のように書き記す。

「およそ仲哀天皇のお年は五十二歳。壬戌《みずのえいぬ》の年の六月十一日に崩御」

仲哀天皇の崩御を六月としているから、古事記を追認すれば、このような単細胞的邪推から解放されたであろうに、日本書紀の編著者は、他文献も調べ、敢て「二月五日に崩御」と書き遺したことになる。

その後の井沢氏の考えを確認する意味で、『学校では教えてくれない日本史の授業』（PHP研究所　二〇一二）を読んでみた。すると相変わらず「神功皇后は姦婦」と邪推していた。

「応神天皇は、父親が死んでから十一ケ月も経って生まれた子供なのです。（中略）これはやはり怪しいでしょう。応神天皇は仲哀天皇の子供ではないと考える方が自然です」（180）

そうではなく、自らの卑しき心根を排し、「臨月になっていた、という伝承があったから正直にそう書き記した」と直き心で読まれたら如何であろう。何しろその後の神功皇后は、この皇子《みこ》こそ仲哀天皇を継ぐべき正統者として、命を懸けて守ろうとしたからである。

## 神功の条が明かす「卑弥呼と春秋年」

日本書紀の神功皇后の条（皇紀二〇一年～二六九年）に、魏志倭人伝からの一文が引用されている（カッコ内は引用者の注）。

三十九年─魏志倭人伝によると、明帝の景初三年（二三九）六月に、倭の女王は（卑弥呼）大夫難斗米らを使わして帯方郡に至り、洛陽の天子にお目にかかりたいと言って貢ぎを持ってきた。太守の鄧夏は役人を付き添わせて洛陽に行かせた。

四十年　―魏志にいう。正始元年、建忠校尉提携《けんちゅうこういていけい》らを遣わして詔書や印綬をもたせ、倭国に行かせた。

四十三年―魏志にいう。正始四年（二四三）、倭王はまた使者の大夫ら八人を遣わして献上品を届けた。

六十六年―この年は晋の武帝の泰初二年（二六六）である。晋の国の天子の言行などを記した起居注に、武帝の泰初二年十月、倭の女王が（壱与）何度も通訳を重ねて、貢献したと記している。

この引用を見て「日本書紀の編者が、卑弥呼は神功皇后であると考えていたことを示している」なる見方があるが（例えば、武光誠『邪馬台国と大和朝廷』44）、そうではない。

第一の理由：四十三年までは卑弥呼の時代だったが、六十六年になると壱与の時代に移っていた。魏志倭人伝や晋の起居注を読んで引用した日本書紀の編著者は、卑弥呼が死んで壱与に代わったことを知っており、その上で卑弥呼と壱与を神功皇后の条に書いた。神功皇后が時に卑弥呼になり、時に壱与になることはないから、武光誠氏のような見方は成立しない。

第二の理由：この書き方は、「シナ文献によると倭という国がシナと関係を持っていたそうな」、そんなニュアンスである。神功皇后が主体的に関わった文と比べれば違いは一目瞭然である。

①ある人は新羅の王を殺そうという者があったが、皇后がいわれるのに、「神の教えによって、金銀の国を授かろうとしているのである。降伏を申し出ている者を殺してはならぬ」と、その縄を解いて馬飼いとされた。

②四十六年春三月一日、斯摩宿禰《しまのすくね》を卓淳国《とくじゅん》に（大邸にあった）に遣わした。

第三の理由：これが単なる引用文であることを示すため、ここでも文字の大きさを地の文より小さくしてある。

この条の重要性は、「日本書紀の編著者は春秋年を意識していなかった」ことが証明された点にある。

例えば、神功皇后の御代は皇紀二〇一年に始まり、魏志倭人伝にある「明帝の景初三年（二三九）」の出来事を神功三十九年の条に記していたことから、「シナの年紀＝皇紀」としていたことが分かる。四十年、四十三年、六十六年の引用にもこの原則が貫かれている。

卑弥呼と壱与が、神功皇后の条に記されたのは、「皇紀＝シナの年紀」と誤解したからだった。仮に、春秋年が意識されていたなら、卑弥呼と壱与は崇神天皇や垂仁天皇の条に記されたに違いない。

魏志倭人伝などを読んだ日本書紀の編著者は、「倭」なる国が北部九州にあったことを知っていた。そして同年代の出来事と判断し、疑問を持ちながらもシナの史書を参考にした証として、ここに引用したと思われる。

## 「倭の五王」はこうして決まった

神功皇后の存在を否定した直木孝次郎氏も、皇后の皇子、応神天皇には疑問を呈さないのだから不思議である。母がなくては子は生まれないは常識であろうに。

「古代の天皇の内、在位年代がほぼ確実に推定できる最古の天皇は、第十五代の応神天皇である」(22)(『日本神話と古代国家』)

そして、応神天皇以後の天皇の実在を疑う歴史家は殆どいないが、宋書倭国伝にある所謂、「倭の五王」を巡っては様々な推論が渦巻いてきたという。この答えも出しておこう。

宋書は、南朝、梁の時代、沈約(四四一〜五一三)の手になるシナの正史である。この倭国伝に記された、讃・珍・済・興・武、即ち「倭の五王」はどの天皇にあたるか、分からなかったという。武＝雄略天皇は確実視されているが、讃＝履中天皇・仁徳天皇・応神天皇、珍＝反正天皇・仁徳天皇・履中天皇、済＝允恭天皇・反正天皇、興＝安康天皇・允恭天皇、と見解が分かれているとのこと。

中には変わった意見もある。

古田武彦氏は『失われた九州王朝』（ミネルヴァ書房）において、「倭の五王」は天皇ではないという。では誰かと思って探したが具体名が見当たらなかった。五百ページを上回る大部な書の結論は、単に「九州王朝の誰かさん」とあるだけ、拍子抜けだった。

筆者は、結論が「誰かさん」では資源と時間の無駄遣いという立場である。今まで多くの学者の努力にも係らず特定出来なかったのは、天皇の実年代が定まらなかったからであり、逆に言えば、実年代が決まれば話は決着する。

そこで筆者の年表を使って、倭の五王とは誰を指しているか、検討を行った。

結論から言うと、讃＝仁徳天皇、珍＝反正天皇、済＝允恭天皇、興＝安康天皇、武＝雄略天皇、となった。歴代天皇践祚の系譜と実年代（図—31）を理解し、宋書倭国伝と照合しながら読み解いてみよう。

「倭国は高句麗の東南大海の中にあり、世々貢を納めている」

「高祖の永初二年（四二二）、詔していうには〈倭讃（仁徳天皇四一一—四二八）が万里はるばる貢を納めた。遠方からの忠誠の志は宜しく表すべく、叙授を賜うであろう〉と。太祖の元嘉二年（四二五）、讃はまた司馬曹達を遣わして上書を奉り、その地方の産物を献じた」

これは仁徳天皇の在位年の出来事であるから、そのまま読むことが出来る。では次の一文はどのような意味なのだろうか。仁徳天皇に弟はいなかったからである。

「讃が死んで弟の珍が立った」

これは、仁徳天皇の後、長子履中天皇（四二九—四三二）が即位されたが、三年足らずで崩御。履中天皇の弟の反正天皇（四三二—四三三）が即位されたことを表している。ところが、反正天皇も数年で崩御、允恭天皇の御代となる。そして宋に使いを出したのであろう。

「二十年（四四三）倭王済（允恭天皇四三四—四五四）が使いを遣わして奉献した。そこで安東将軍・倭国王とした。二十八年（四五一）使持節都督倭・新羅・任那・加羅・秦韓・慕韓諸軍事を加え、安東将軍はもとの如く、並びに奉るところの二十三人を軍郡に叙した」

「済（允恭天皇）が死んだ。世継ぎの興（安康天皇四五五—四五七）が使いを遣わして貢献した。世祖の大明六年（四六二）、詔していうには〈倭王の世継・興は代々即ち忠、藩を外海になし、恭しく貢を納め、新たに辺業を受継いだ。宜しく爵号を授けるべきで安東将軍・倭国王とせよ〉」

わずか数年で代替わりするとは思ってもみなかったであろう。このような決定をしたときには、既に安康天皇は亡くなり、弟の武＝雄略天皇（四五八—四八〇）の御代に移っていたのである。

| 代位 | 天皇諡号 | 実年 | 年 | 宋書倭伝の記述要点 |
|---|---|---|---|---|
| 15 | 応神天皇 | 410 | 21 | |
| 16 | 仁徳天皇 | 411 | 1 | |
| | | ・ | ・ | |
| | | 421 | ・ | 高祖の永初2年、倭讃が貢を修む、除授を給うべし |
| | | ・ | ・ | |
| | | 425 | ・ | 太祖の元嘉2年　讃はまた上書を奉り方物を献じた |
| | | 427 | ・ | |
| | | 428 | 18 | |
| 17 | 履中天皇 | 429 | 1 | |
| | | 430 | ・ | |
| | | 431 | 3 | |
| 18 | 反正天皇 | 432 | 1 | 讃死して弟　珍立つ(シナ文献　年代不詳) |
| | (履中の弟) | 433 | 2 | |
| 19 | 允恭天皇 | 434 | 1 | |
| | | ・ | ・ | |
| | | 443 | ・ | 済　使いを遣わして奉献す　安東将軍となす |
| | | ・ | ・ | |
| | | 451 | ・ | 23人を軍郡に除す |
| | | ・ | ・ | |
| | | 454 | 21 | 済死す(年代不詳) |
| 20 | 安康天皇 | 455 | 1 | 世継ぎの興　貢献す(年代不詳) |
| | | 456 | ・ | |
| | | 457 | 3 | |
| 21 | 雄略天皇 | 458 | 1 | |
| | | ・ | ・ | |
| | | 462 | ・ | 世祖の大明6年　興を安東大将軍・倭国王とすべし |
| | | ・ | ・ | 興死して弟武立・・・ |
| | | ・ | ・ | |
| | | 478 | ・ | 順帝の昇明二年、武、使いを遣わして表を奉る |
| | | 479 | ・ | |
| | | 480 | 23 | |
| 22 | 清寧天皇 | 481 | 1 | |

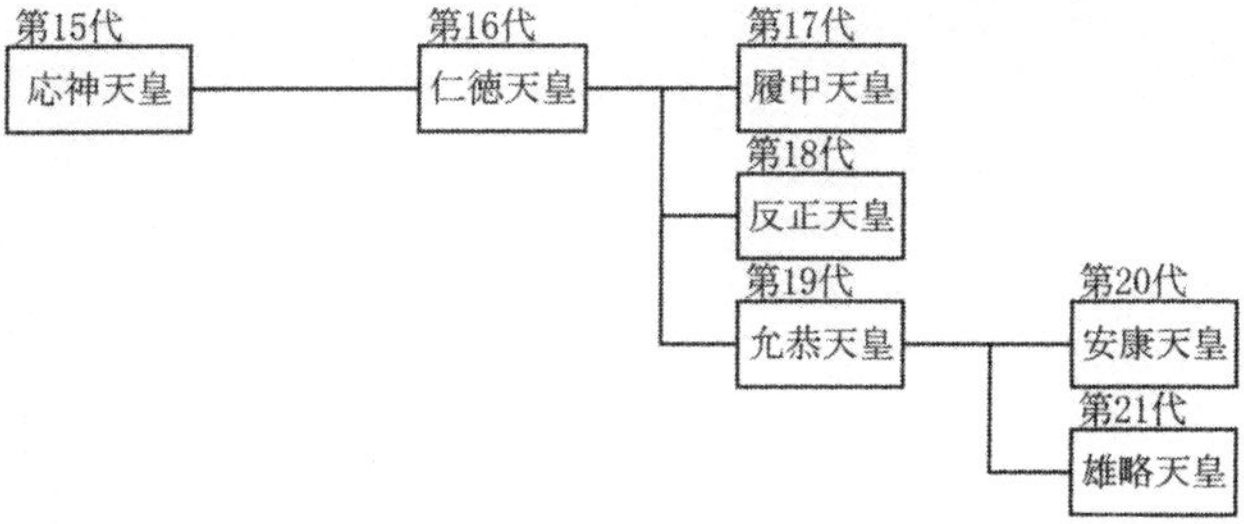


図－31　「倭の五王」決定資料

このことを宋書は次のように記す。

「興が死んで弟の武が立ち、自ら使持節都督倭・百済・新羅・任那・加羅・秦韓・慕韓七国諸軍事、安東代将軍倭国王と称した。順帝の昇明二年（四七八）、使いを遣わして上奏文を奉った。云うには…」

長々と上奏文が続くが割愛する。筆者の年表に依れば、先に想定した「倭の五王」と『宋書』倭国伝との関係は無理なく説明がつく。では何故、宋書にある歴代天皇の名は一字なのか。日本からの文には、例えば仁徳天皇の名を、〝日本国大鷦鷯天皇《おおさざきすめらみこと》〟と書いてあったのではないか。だが、「天皇」なる字を「皇帝」に見せるわけにはいかない。谷沢永一氏によると「シナには外交文書を書替える専門家がおり」（32）（『こんな歴史に誰がした』）、彼らが「讃」と書替えた、と見ることが出来る。秀吉の朝鮮出兵の後、日本と朝鮮の交換公文は、対馬の宗氏が当たり障りのないよう文面を書替えていたから、谷沢氏の説も安易に否定することは出来ない。

この時代、朝鮮半島に進出していた日本は、ここでの活動を有利に進めるために、シナに働きかけていたに違いない。

## 「騎馬民族渡来説」を覆した韓国の前方後円墳

筆者は、『日本人ルーツの謎を解く』(95)で韓国の前方後円墳を紹介した。それは、韓国の姜求仁氏の研究成果であり、森浩一氏は太鼓判を押していた(図—32)。

「私自身の目で確認したいと思いましたので、二度に亘って現地で実際に古墳を観察して、ほぼ間違いないだろうという確証を得ました」(14)(『韓国の前方後円墳』社会思想社)

ところが、真贋論争があったという。例えば、安本美典氏は森氏に対し、「この件では結果として間違った主張をしたことになる」(『邪馬台国の会』二〇八回)としていた。

だが、都出比呂志大阪大学教授によると、姜、森氏らの見方が正しく、その築造年代をも明らかにしていた(NHK人間大学『古代国家の胎動』一九九八)。

「韓国の考古学者姜求仁氏は、韓国の前方後円墳が祖形になると主張しましたが、これまで発見されたのは、五～六世紀の新しいもので…」(40)

「韓国では近年、前方後円墳の形をした古墳の発見が相次いでいます。殆どは韓国西南部の栄山江流域に集中し、これまで十例ほど見つかっています。五世紀後半から六世紀のものが多く、中には倭の製作技法に似た円筒埴輪を持つものもあります」(84)

わが国の前方後円墳は、三世紀初頭から築造され始めたことを考えると、これらは日本から韓国に伝えられた前方後円墳と文化だった。ソウルの国立中央博物館の埴輪展示などが、このことを証明している（図―33）。

では何故、韓国に前方後円墳があるのか。今のソウルに二つの前方後円墳があるのは、百済は日本の臣民となり、官家（分国）であったことからうなずける。栄山江流域は、雄略天皇が救い興された百済・武寧王の時代の中心地であり、その時代、多くの日本人が百済を支えていたから、ここに前方後円墳があるのも納得がいく。では新羅に前方後円墳があるのは何故か。シナ正史・三国志・韓の条は韓国・朝鮮人の祖、新羅はシナ流民の国と書き記す。

「昔、シナの秦の代に、労役を避けて馬韓に逃げ込むシナ人の亡民がいた。そこで馬韓の王が東部の地域を割いて与えた」

そして朝鮮正史、三国史記は、「二代目の王の娘を娶った四代の王は脱解という倭人だった」、「脱解は元多婆那国（但馬国か）の生まれ。その国は倭国の北東一千里にある」と書き記す。

その後も、倭人＝日本人・脱解の血を引く昔や金という王族が、何代にも亘って新羅王として登場したから、そこに新羅王の祖国、日本の前方後円墳が造られても不思議はない。

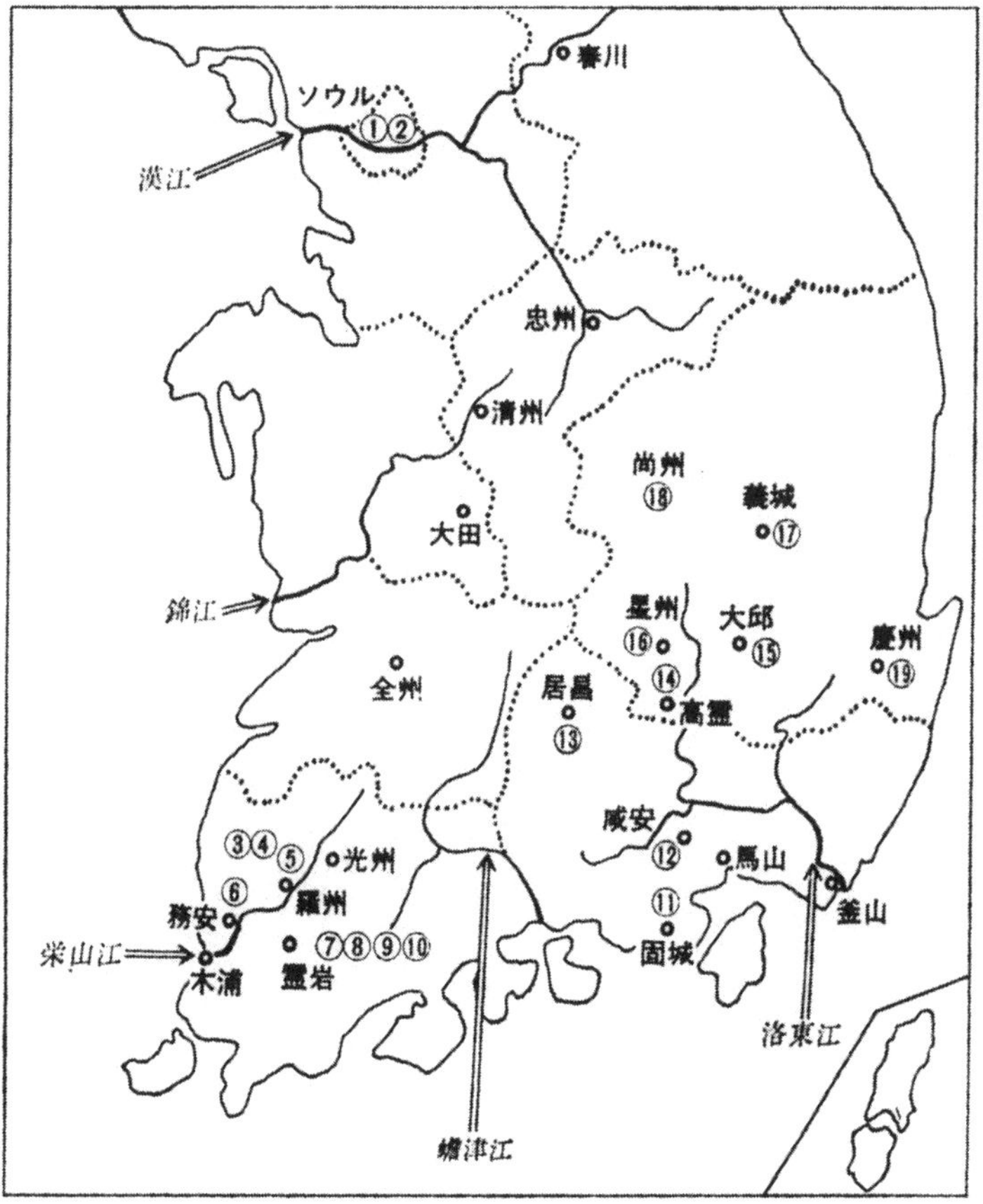


図－32　韓国の前方後円墳
（『韓国の前方後円墳』社会思想社 P23）

これらの事実は、江上波夫氏の「騎馬民族渡来説」を完全に覆すことになった。話は逆であり、四〜六世紀、日本は半島に進出し、百済、任那、新羅は日本の臣民であり分国だった。その確実な証拠として、高句麗の好太王が四一四年に建てた「広開土王碑」の碑文があげられる。

「百殘新羅舊是属民　由来朝貢　而倭以辛卯年来渡海破百殘□□新羅　以為臣民」

□□は不明文字だが、意訳すると次のようになろう。

「百済と新羅は高句麗の属民だった、故に朝貢していた。処がその後、日本が辛卯《かのとう》に海を渡り来て、百済、□□、新羅を討ち破り、日本の臣民にしてしまった」

辛卯とは三九一年と信じられており、応神天皇の御代と重なる。戦いの様子は記されていないが、応神七年、「高麗人・百済人・任那人・新羅人等が来朝し、彼らを使って池を作らせた」とあるから、□□とは任那に違いない。この頃から、百済、任那、新羅は日本の臣民、即ち、分国の民となっていたことを、高句麗が忌々しげに刻んでいたのだった。

図－33　韓国国立中央博物館展示の埴輪
(『國立中央博物館』日本語版　1993)

## 百済王・王子は日本語を話していた

話はやや進みすぎたようである。ここからは、何が起きたかは日本書紀に書いてあるが、その後の歴史を簡単に記しておきたい。

雄略天皇の御代、分国となった新羅は貢物を奉らないこと八年間に及んだ。誓いを破った新羅は帝の心を恐れて高麗と好を通じた。高麗は百名の精兵を送り新羅を守らせたが、この守りが偽りだったことを新羅王が知り、この者たちを皆殺しにした。処が、一人が逃れ出て顛末を高麗王に伝えたため、高麗王は新羅討伐軍を起す。それは当然のことだった。

八年春二月、新羅王は任那王に人を遣わして「高麗王がわが国を攻めようとしている。どうか助けを日本府の将軍たちにお願いします」と助けを乞うた。

任那王は膳臣斑鳩《かしわでのおみいかるが》・吉備臣小梨・難波吉士赤目子らを送り新羅を助けさせた。しかし、新羅はその場限りで相変わらず貢を奉らなかった。

九年三月、そこで雄略天皇は新羅討伐を行ったが新羅王は逃げ勝利をおさめきれなかった。

二十年冬、高麗王が大軍をもって攻め、百済を滅ぼした。その時少しばかりの生き残りが、倉下《へすおと》に集まっていた。

二十一年春三月、天皇は百済が高麗のために敗れたと聞かれて、久麻那利《こむなり》を百済の汶州王《もんす》（文周王）に賜ってその国を救い興された。時の人は皆「百済国は一族が既に滅んで、倉下に僅かに残っていたのを、天皇のご威光により、またその国を救い興された」といった。

二十三年、百済の文斤王《もんこん》（三斤王）がなくなった。雄略天皇は日本に住んでいた昆支王《こんき》の五人の子の中で、二番目の末多王《また》が若いのに聡明なのを見て百済の王とされ、筑紫の兵士五〇〇人を遣わして百済国へ送り届けられた。これが東城王《とうせい》（四八一―五〇二）である。

ところが、武烈天皇の四年（五〇二）、東城王が無道を行い、民を苦しめた。国人はついに王を捨て、嶋王《せまきし》を立てた。これが武寧王である。

百済歴代の王子は日本に住み、天皇と話をしていたから、官家である百済の王室は日本語を話していたに違いない。そればかりか、日本の臣民であった百済や任那の人々も、代々日本語を話していたと考えて不思議はない。

それは百済滅亡後、多くの百済人がやって来たが、彼らは言葉が通じなかったとの記録はないし、その地の日本語は何ら影響を受けなかったことからも知ることが出来る。

## 日本書紀が伝える「驚くべき真実」

武寧王について、黒岩重吾氏は『謎が謎を呼ぶ古代を解く』（ＰＨＰ研究所　一九九九）の「日本書紀が伝える驚くべき真実」で次のように記していた。

「もう一つ、『記紀』の虚実に関わる大きな事件があります。それは雄略記五年の条に記載されている百済の昆支《こんき》王のエピソードです。昆支王は、兄の蓋鹵《かふろ》王の妃である妊娠中の女人を連れて倭国へやって来る途中、女人が筑紫の各羅嶋《かからしま》で男子を出産した。男子には嶋君《せまきし》と名付けて百済に送り返したが、その嶋君が武寧王である、としています」（71）（前掲書）

だが歴史学界は、日本書紀の記述を否定していたという。

「同条では『百済新撰』を引き、辛丑《かのとうし》の出来事だとしており、辛丑は四六一年にあたります。年代的には倭王、興の時代になり、倭王の武とされる雄略の代とは少しタイムラグが生じることもあって、学会はこのエピソードを否定、私も信じていませんでした。処が一九七一年、百済の武寧王陵が発掘され、発見された墓誌銘によれば武寧王の諱《いみな》は斯《し》麻《ま》王で、四六二年に生れたことが判明しました」（71）（前掲書）

武寧王は日本の島で生まれたので斯麻王と呼んだのだろう。歴史学会は年代が分からないから否定していたが、筆者の年表では、雄略天皇の御代は四五八〜四八〇年となり、雄略五年は武寧王誕生の四六二年とピタリ一致する。氏はこの事実の重大性を率直に語る。

「これが如何に凄いことかといえば、三国史記の百済本記を始め、朝鮮半島の史料には一切記録がない。武寧王の生年を記しているのは日本書紀だけなのです。私が古代史をやり始めた時は、津田史観通り『記紀』を否定していたので、この事実は衝撃でした。痛打を食らって狼狽し、古文献を謙虚に見直す気持ちになったのです。『記紀』の全てが嘘ではない。驚くべき真実を述べている」(72)(前掲書)

そればかりではない。武寧王の棺は日本でしか取れない高野槇《まき》で作られていた。つまり日本で生まれ、死後は日本から取り寄せた木の棺で永眠したのだった。

## 任那滅亡の悲劇——人目を憚ず犯した

ところが、欽明天皇の御代(五四〇—五七一年)、新羅は恩を仇で返し、日本の官家、任那を欺き滅してしまう。この事件を日本書紀は次のように書き記す。

「欽明二十三年(五六二)春一月、新羅は任那の官家を討ち滅ぼした。総括して任那と云うが、分けると加羅国・安羅国…、合わせて十国である。

夏六月、詔して〈新羅は西に偏した少し卑しい国である。天に逆らい無道で、我が恩義に背き、官家をつぶした。わが人民を傷つけ、国郡を損なった。

神功皇后は聡明で天下を周行され、人民をいたわり良く養われた。新羅が困って頼ってきたのを憐れんで、新羅王の討たれそうになった首を守り、要害の地を授けられ、新羅を並はずれて栄えるように引き立てられた。

神功皇后は新羅に薄い待遇をされただろうか。わが国民も新羅に別に恨みがあるわけではない。しかるに新羅は長戟《ながきほこ》・強弓で任那を攻め、大きな牙、曲がった爪で人民を虐げた。肝を割き足を切り、骨を曝して屍を焚き、それでも何とも思わなかった…〉といわれた」

日本書紀は「新羅の闘将は婦女《たおやめ》を悉く生け捕りにした」、「人目を憚らずその女を犯した」と記す。満洲国が滅んだ時と同じように、国が亡び、残された女性の運命は推して知るべしであった。そして逃げ遅れた男の運命も満洲と同様であっただろう。

秋七月、新羅は使いを遣わして調を奉った。その使いは新羅が帝の恩に背いて任那を滅ぼしたことを恥じ、帰国を望まず日本に帰化した、と日本書紀は書き記す。

## 日本は官家・百済と宿敵・高句麗を助けた

それでも日本は圧倒的な力を保有していた。随書倭国伝は次のように記す。

「新羅・百済は、みな倭を大国で珍物多き国とし、並びにこれを敬仰し、常に通使・往来す」

「大業三年（六〇七）、その王多利思比狐が使いを遣わして朝貢す。その国書に曰く、〈日出ずる処の天子、書を日没する処の天子に致す、恙無《つつが》云々〉と。帝はこれを見て悦ばず」

だが、推古十六年、煬帝は日本へ、「討伐軍」ではなく「返礼の使い」を送った。こうして、日本とシナで対等な関係が築かれた。

斉明天皇の六年（六六〇）、新羅は唐人を引入れ百済を滅した。日本は、百済再興を求める暫定政権のために、武器を与え、日本にいた最後の王・豊璋を援軍と共に百済に送り、助けた。天智天皇の御代（六六二―六七一年）、元年三月、唐・新羅の軍が高麗を討った。高麗は救いを日本に求め、「日本は将兵を送って高麗を守らせた」と日本書紀は記す。

日本の援助により、再興の兆しの見えた百済で何と内紛が起きていた。それが致命傷になり、天智二年（六六三）、白村江の敗戦と百済の洲柔《つぬ》城が陥落し、百済は滅んだのである。

その時、百済の人たちは、「如何ともしがたい。百済は今日で終わりだ。先祖の墓にも二度と行くことが出来ぬ」と嘆き、妻子に「いよいよ国を去る」ことを知らせた。

九月二十四日、生き残った百済の将軍と一般の人々は、日本の水軍で逃れ出た。日本は何度も何度も助けに向かったと思われる。何故なら、そこには多くの日本人が住んでいたからであり、彼らの他に、何千もの百済の人たちが日本へと逃れ来たからだ。

亡民の国・新羅は、恩人であった任那に続き百済も酷く滅ぼした。その間、百済の妻子を含む多くの人々は日本へと向かった。彼らの祖国は、任那滅亡時に見せた残虐な新羅ではなく、最後まで手を差伸べた日本だった。百済は日本の分国・官家であり臣民であったからこそ、彼らに官位を授けた。

天智四年春二月、朝廷は、亡命百済人に官位を授けるため、百済国の官位や階級を検討した。また百済の民、男女四百人余りを近江の国の神崎郡に住まわせた。

天智五年冬十月、百済の男女二千余人を東国に住まわせた。百済の人々に対して、僧俗を選ばず三年間、国費による食を賜った。

六八八年、新羅により導かれた唐の軍により、高句麗も滅ぼされた。そして多くの高麗人と共に高麗王・若光も日本へと逃れ来た。

それは六六二年、日本に助けを求めると、大和朝廷は嘗ての宿敵・高句麗を助け、守ったからに違いない。あの新羅に囚われれば確実に殺されただろうが「日本人は決して酷いことはしない」と信じていたからではないか。彼らの祖国も日本となり、祖国日本も彼らを温かく迎え入れたのである。

## おわりに――百済・高句麗・滅亡の先にあるもの

新羅は半島を統一したが、何のための統一だったのか。その後彼らは「大唐国新羅郡」として進んで唐の下僕となったからだ。崔基鎬教授はこの統一劇を、「無頼漢（ゴロツキ連中）が他民族の力を借りて、自分たちの民族国家を打倒したのだ」（『韓国堕落の二〇〇〇年史』）と嘆く。以後、朝鮮民族はシナの属国になり下がり、シナを模倣し平伏して生きてきたからだ。

彼らは創氏改名を行い一字姓となった。シナへの貢と献女を欠かせず、シナの元号を使い、犬は勿論、人食い、宦官も取入れた。「朝鮮」なる国名もシナに決めてもらった。儒教を国教とし、寺を破壊、僧侶は賎民として山へ追いやり、仏教を滅ぼした。王やリャンパンは贅に耽り、人民は貧困のどん底で喘いだ。

翻ってわが国の歴史をなぞれば、その後も独立と独自の文化を保ち、蒙古、シナ、朝鮮による二度の侵略から国を守った。その後、日清戦争に勝利し、嘗ての臣民、朝鮮民族をシナの頸木から解放した。苦戦ではあったが、日本は軍事大国ロシアを破り、世界史を塗り替えた。この勝利を世界中の有色人種が喝采し、彼らに独立への勇気を与えた。

破れたりとはいえ、大東亜戦争においてその目的、植民地解放と人種平等、ブロック経済の打破を成し遂げた。そして神武天皇から今上天皇まで、一二五代にわたり独自の文化と伝統を育んできた世界最古の国家、それが私たちの国、日本である。

輝かしい歴史を持つ日本だが、反省すべき点もある。

欽明天皇の詔、「新羅は卑しい国である。天に逆らい無道で、我が恩義に背き……」、崔教授のいう「ゴロツキ連中」＝新羅の後裔、韓国・朝鮮への対応が誤っていたことだ。「歴史は繰り返す」ことを肝に銘じ、歴史から彼らの心根を学ばねばならない。

彼らには、新羅、百済、高句麗の人々を助け、受入れた優しさが通じない。良かれと思って善行を積めば侮られ、付け込まれ、毟られ、犯されることは、古代から近現代に至る歴史が証明している。これらは、歴史を紐解けば誰にでも分かる〝事実〟であり、私たちは先人の阿鼻叫喚を聞いておく必要がある。

シナや中国も同じであり、今、世に蔓延る歴史認識のまま、彼らと接触することはみすみす罠に嵌りに行くようなもの、止めた方が良い。だが、何故か犠牲者が後を絶たない。

それは、私たちのルーツから建国史、近現代史に至るまで〝虚偽〟が蔓延り、歴史から知恵と教訓を学べなくなっているからだ。それ処か「学べば学ぶほど愚かになる」というパラドックスが私たちを蝕み、来るところまで来た観がある。このままでは明日の日本は危うい。

その弊害は既に顕在化しているが、見方を変えれば立て直すのは容易ともいえる。

先ず、過てる縄文・弥生観を廃し、正しい日本人のルーツを知り、次いで古事記や日本書紀から本当の建国史を知ることだ。即ち、根腐れを起している根を甦らせ、太く堅固なものにすることで祖国日本は立ち直って行くに違いない。それは私たちの手の中にある。

# あとがき

今から約二年前、筆者は『日本人ルーツの謎を解く』(展転社)を世に出した。謎を解いてみたら、「日本人の主な祖先は渡来人ではなく縄文人」となった。世にあるルーツものは、押しなべて「渡来人だ」なるものばかりだったから、定説を真っ向から否定することになった。そしてこの定説なるものを立派な肩書の学者が支えていることも分かった。

では、と思って彼らの論を検討すると、何れも論理的検証に耐えられない代物だった。それらは「誤や偽」と論証したから、学者なら反論するものと期待したが、何の反応もないのはどうしたことか。

かつて江藤淳が、ＮＨＫや朝日新聞などの違憲「検閲」済み報道を暴いたとき、「さわらぬ神に祟りなし」と黙殺されたと何処かで書いていたが、そんなところかと思っている。

ではわが国の建国史はどうか。日本書紀の編著者は春秋年を意識していなかった。帝紀にある年紀を歴代天皇に当てはめると、神武即位が紀元前六六〇年になった、それだけである。

所謂、歴史学者と呼ばれる人たちは、このことを見抜けず、その頭で古代史を考えた。その結果、『記紀』は出自を疑われ、貶され、腐され、見捨てられてきた。シナや朝鮮の正史も疎かにされ、本当の古代史が私たちの前からかき消されていった。それに代わって、正史を適当に改竄した奇説、珍説、謬説さえも世に蔓延る結果となったのである。

従って「神武天皇の即位は紀元前七〇年である」ことを突き止めた今、世に蔓延る怪しげな説に異を唱えるのは当然であり、異を唱えるからには論拠を示さなくてはならない。それがフェアな態度となるからだ。

そこで、典型的な建国史論を選び、具体的に問題点を指摘させて頂いた。こうすれば分かり易く、誰もが追認でき、判断し易いからだ。壁談判ではなくオープンに論ずることが、お互いのため、読者のため、学界のため、ひいては日本のためになる。真実に至る道は他にない。

それでも、このような本を世に出して良いのか、実は躊躇した。しかしガリレオがいた。地動説を唱えることが教会の権威に逆らうことになったが、それは結果であって目的ではない。

筆者も、古代史の実像を科学的、論理的に追求して行ったら、世に溢れる諸説と異なる結論になった。実年への修正は必要であったが、日本書紀を肯定することになった。それだけである。

今ここに、神武天皇と卑弥呼の時代が解き明かされ、真実の古代史が姿を現した。だから本書を傍らに置き、安心して私たちの〈知恵の書〉、日本書紀や古事記に接して欲しい。

曽野綾子氏に依ると、昭和三〇年来、新聞は広告主たる創価学会への批判は一切許さなかったという。中国への批判記事は署名原稿でもボツにされ、司馬遼太郎への批判は許されず、言葉狩りも横行したという。この種の「検閲」は、「日本人のルーツ」から「建国史」、「近現代史」に至るまで、新聞に限らず、テレビ、ラジオ、出版、教育界で今も続いている。だが、展転社には言葉狩りや検閲基準は無く、自由に書かせて下さったことに感謝している。

ここで明らかにした古代史のパラダイムも、何時の日か乗り越えられるかもしれない。「過ちて改むるに憚ることなかれ」、「過ちて改めざる、それを過ちという」なる言葉を肝に銘じ、その日の来ることを心待ちしている。

平成二十四年四月

長浜浩明

**長浜浩明（ながはまひろあき）**

昭和22年群馬県太田市生まれ。同46年、東京工業大学建築学科卒。同48年、同大学院修士課程環境工学専攻修了（工学修士）。同年4月、(株) 日建設計入社。爾後35年間に亘り建築の空調・衛生設備設計に従事、200余件を担当。主な著書に『文系ウソ社会の研究』『続・文系ウソ社会の研究』『日本人ルーツの謎を解く』『韓国人は何処から来たか』（いずれも展転社刊）がある。
［代表建物］
国内：東京駅八重洲口・グラントウキョウノースタワー、伊藤忠商事東京本社ビル、トウキョウディズニーランド・イクスピアリ＆アンバサダーホテル、新宿高島屋、目黒雅叙園、警察共済・グランドアーク半蔵門、新江ノ島水族館、大分マリーンパレス
海外：上海・中国銀行ビル、敦煌石窟保存研究展示センター、ホテル日航クアラルンプール、在インド日本大使公邸、在韓国日本大使館調査、タイ・アユタヤ歴史民族博物館
［資格］
一級建築士、技術士（衛生工学、空気調和施設）、公害防止管理者（大気一種、水質一種）、企業法務管理士

# 古代日本「謎」の時代を解き明かす
## 神武天皇即位は紀元前70年だった！

平成二十四年四月二十五日　第一刷発行
令和四年二月二十三日　第六刷発行

著者　長浜　浩明
発行人　荒岩　宏奨
発行　展　転　社

〒101-0051 東京都千代田区神田神保町2-46-402
TEL　〇三（五三一四）九四七〇
FAX　〇三（五三一四）九四八〇
振替〇〇一四〇―六―七九九九二
印刷製本　中央精版印刷


定価［本体＋税］はカバーに表示してあります。
ISBN978-4-88656-369-9